TOM HEINZLE

TOMS GRILLWERKSTATT

ROAST 'N ROLL FOREVER

Fotografie: Peter Raider

INHALT

VORWORT

Schon vor vielen Jahren wurde mir klar, dass Grillen so viel mehr sein kann, als einfach nur ein Stück Fleisch auf den Rost zu legen. Das Potenzial, das sich in dieser Art der Speisezubereitung verbirgt, ist unendlich, der Kreativität sind hier keinerlei Grenzen gesetzt. Ich glaube, das hat mich als experimentierfreudigen Menschen am Grillen immer am meisten begeistert: Neues entdecken, Unbekanntes ausprobieren, Ungewöhnliches kombinieren. Das und die ganze Atmosphäre, die beim gemeinsamen Grillen aufkommt. Hier geht es nicht nur ums Sattwerden. Hier geht es um Familie, um Freunde und um eine gute Zeit. Für mich ist Grillen eine Art Lebenseinstellung geworden.

Und vielen Menschen geht es ähnlich. Grillen und BBQ erfahren seit einigen Jahren einen regelrechten Boom. Ja, der Grill ist fast allgegenwärtig und kaum mehr wegzudenken, und das nicht mehr nur im Sommer. Die Grillfans werden mutiger und trauen sich zunehmend an neue Zubereitungsmethoden und Zutaten heran – schmoren, smoken, garen im Erdloch oder Dutch Oven, Vegetarisches, Wild, Fisch oder seltene Fleischstücke ... Die Zeiten simpler Grillwürstchen vom Rost mit gekauften Saucen sind definitiv vorbei!

Ich finde das großartig, denn es entspricht genau meiner Philosophie: Grillen muss zelebriert werden, und zwar vom Anfang bis zum Schluss. Tolle, innovative Gerichte, ja ganze Menüfolgen mit passenden Getränken, einem schön gedeckten Tisch mit ansprechendem Geschirr und stimmungsvollem Ambiente. Alles in allem soll es ein ebenso genussvolles wie unvergessliches und gemütliches Erlebnis mit lieben Menschen sein.

Diese Entwicklung hin zum besonderen Grillerlebnis in all seinen Facetten möchte ich mit diesem Buch unterstützen und Ihnen meine Welt des Grillens näherbringen. Lassen Sie sich ein, seien Sie offen für Neues und trauen Sie sich – es lohnt sich! Ich wünsche Ihnen viel Spaß und jede Menge kulinarische Entdeckungen.

Ihr
Tom Heinzle

GRILLGERÄTE

Die Qual der Wahl

Es gibt mittlerweile eine riesige Auswahl an verschiedenen Grills.
Am besten, Sie besuchen einen Fachhändler und lassen sich in Ruhe beraten.
Ich empfehle, dass Sie sich schon vorab Gedanken über Ihr Budget und
Ihre Möglichkeiten und Wünsche hinsichtlich Platz und Nutzung machen.
Ich werde natürlich öfter gefragt, welcher Grill der beste sei und welchen
man sich anschaffen sollte. Das ist pauschal schwer zu beantworten.
Die Gretchenfrage ist immer die gleiche:

Kohle oder Gas?

Das ist das Thema Nummer eins, wenn es um das Grillen und das richtige Grillgerät geht: Was ist besser – Kohle oder Gas? Ich bin der Meinung, dass beides gut ist. Viele Menschen ziehen aus ökologischen Gründen Holzkohle vor und manche auch, weil sie eine gewisse Angst oder zumindest einen großen Respekt vor dem Umgang mit Gas haben. In Reihenhaussiedlungen und Wohnanlagen sind Kohlegrills jedoch wegen der Rauchentwicklung oft verboten, da bleibt dann nur der Gas- oder Elektrogrill. Aber egal, ob Sie sich für Kohle oder Gas entscheiden – wichtig ist die gute Qualität des Grillgeräts.

Am Ende zählt das Ergebnis auf dem Teller – unabhängig davon, mit welchem Grill es erreicht wurde. Hier sind viele der Meinung, dass Fleisch vom Holzkohlegrill besser schmeckt. Dazu kann ich nur sagen: Jein. Mit Holzkohle erreicht man zwar eine höhere Temperatur (etwa 700 °C) als mit einem herkömmlichen Gasgrill, und durch die größere Hitze entstehen auf dem Grillgut intensivere Röstaromen. Es gibt auf dem Markt allerdings auch Gasgrills mit einer Infrarotzone, in der man eine Temperatur von bis zu 800 °C erreichen kann.

Ob Holzkohle für das persönliche »Grillfeeling« besser ist, weil man die glühenden Kohlen sehen kann, muss jeder selbst entscheiden. Für den Geschmack ist in erster Linie die richtige Hitze wichtig.

Wenn Kohle, welche?

Wichtig ist bei Grillkohle, dass sie nachhaltig gewonnen wurde und keine Zusatzstoffe enthält. Bei Briketts, die gern bei sogenannten »Long Jobs« wie klassischem BBQ oder dem Grillen von großen Braten, Truthahn oder Ähnlichem verwendet werden, sollte man darauf achten, dass diese nur aus Holzkohle, Kokosnussschalen oder Bambus gepresst und mit natürlicher Stärke gebunden wurden. Finger weg von Produkten, die Braunkohle enthalten, denn die können den Geschmack des Grillguts negativ beeinflussen.

Ich habe für mich bei klassischen Holzkohlegrills folgende Regel gefunden: Für alles, was bei direkter Hitze gegrillt wird (wie Steaks, Würstchen und Kurzgebratenes), am besten herkömmliche Holzkohle verwenden, und für alles, was bei indirekter Hitze und länger als 1 Stunde gart, Briketts.

Mehr Grillgeräte, mehr Möglichkeiten

Ich persönlich besitze zwölf verschiedene Grillgeräte. Das hat natürlich damit zu tun, dass ich professionell Grillseminare gebe und den Teilnehmern die Vielfalt an Geräten zeigen will. Aber ich bin auch immer neugierig, was es Neues auf dem Markt gibt. So viele Geräte braucht man normalerweise selbstverständlich nicht, aber wer es mit dem Grillen etwas ernster meint, sollte zumindest über die Anschaffung von zwei Grillgeräten nachdenken. Denn das eröffnet Ihnen einfach mehr Möglichkeiten: Sie können problemlos parallel bei indirekter und direkter Hitze sowie bei verschiedenen Temperaturen grillen und sogar die Beilagen auf dem Grill zubereiten.

Ambitionierten Grillern empfehle ich gern einen Kamado- und einen Gasgrill. Der Kamado deckt eine Temperaturspanne von 60 bis 400 °C ab und kann zum direkten und indirekten Grillen eingesetzt werden. Er eignet sich dadurch bestens zum Räuchern, für BBQ, klassisches Grillen, Pizza, Flammkuchen und auch zum Brotbacken. Ein klassischer Gasgrill in rechteckiger Form ist sehr nützlich, wenn es schnell gehen muss. Je nach Modell kann zudem zwischen indirekter und direkter Hitze gewechselt werden. Auch wenn mal mehr hungrige Gäste zu Besuch sind, ist der Gasgrill ideal, denn er bietet viel Platz und lässt sich praktisch und einfach bedienen.

Wer kein zweites Grillgerät zur Verfügung hat, muss bei manchen Rezepten gegebenenfalls für die Beilagen den Küchenherd bemühen, anstatt sie im Grillwok auf der heißen Glut zuzubereiten, oder bestimmte Komponenten so lange warm halten, bis andere fertig sind. Ein guter, etwas größerer Grill mit Deckel ist jedoch für die meisten Rezepte in diesem Buch ausreichend.

DIREKTE UND INDIREKTE HITZE

Auf den meisten Grills lässt sich mit direkter und indirekter Hitze grillen. Auch ein BBQ-Smoker kann für beide Grilltechniken eingesetzt werden.

Direkte Hitze

Beim direkten Grillen befindet sich die Wärmequelle ganz klassisch direkt unter dem Grillgut. Ideal für alles, was starke Hitze benötigt und nicht länger als 25 Minuten auf dem Rost liegt.

Indirekte Hitze

Beim indirekten Grillen befindet sich die Wärmequelle links, rechts oder auf beiden Seiten des Grillguts, nur nicht direkt darunter. Die Hitze wirkt nicht so stark auf das Grillgut ein. Beim Grillen sollte man grundsätzlich darauf achten, immer auch eine indirekte Zone zu schaffen. So lässt sich – wenn es für das Grillgut zu heiß werden sollte – ganz einfach auf einen Bereich ohne Hitze von unten ausweichen.

Beim Kugelgrill am besten nur die Hälfte oder maximal zwei Drittel des Kohlerosts mit heißer Glut belegen. Ich fülle die Kohlekörbe dafür immer mit glühender Kohle und schiebe sie dann gegenüberliegend an die Innenwand der Kugel. Der Bereich zwischen den Kohlekörben wird so zur Fläche mit indirekter Hitze. Beim Gasgrill schalte ich einfach einen Brenner ab, so habe ich auf der Grillfläche einen direkten und indirekten Bereich. Beim Kamado-Grill lege ich den Deflektorstein unter den Grillrost und erhalte so eine indirekte Grillfläche.

WICHTIGE HILFSMITTEL

Mit etwas Erfahrung, Kreativität und Geschick braucht man nur wenige Hilfsmittel. Hier finden Sie das Zubehör, das ich Ihnen ans Herz lege.

Plancha (Grillplatte)

Eine Plancha gehört für mich auf jeden Grill, sie muss auch nicht unbedingt vom selben Grillhersteller sein. Ich »baue« die Plancha niemals in den Grill ein, sondern lege sie ganz einfach auf den Rost. So kann ich die Plancha auf dem Grill mithilfe einer Grillzange hin und her schieben – je nachdem, wo ich sie gerade brauche. Wichtig ist das Material der Plancha: Ich empfehle hierfür Gusseisen. Die heizt sich schön gleichmäßig auf und kann Temperaturunterschiede auf der Grillfläche perfekt ausgleichen.

Grillwok

Ich bereite gerne alle Komponenten eines Gerichts auf dem Grill zu, also auch Beilagen, Chutneys und Saucen. Dafür empfehle ich einen Grillwok oder, noch besser, einen Wok aus dem Asia-Laden aus dünnwandigem Blech. Gegenüber den Grillwoks aus Gusseisen haben sie den Vorteil, dass sie schneller wieder abkühlen, wenn man sie vom Feuer nimmt. Bei den gusseisernen Woks bleibt die Hitze lange erhalten und die Lebensmittel garen durch, was nicht immer gewünscht ist. Den Grillwok stelle ich beim Kugelgrill oder in der Sidefirebox direkt in die Glut, so kann ich darin parallel die Beilagen zubereiten. Meist sind dann aber zwei Grills nötig. Wenn Sie nur einen besitzen, können Sie die Beilagen auch in einer Pfanne auf dem Herd zubereiten.

Räucherbrettchen

Die Räucherbrettchen geben bei Wärme Aroma ab. Sie bieten sich vor allem bei unstabilen Lebensmitteln wie Fisch und Käse an. Denn bei diesen besteht die Kunst nicht darin, sie auf den Grill zu legen, sondern sie heil wieder herunterzubekommen. Im Grillhandel gibt es viele Geschmacksrichtungen, die gängigsten sind Buche, Erle, Zeder, Ahorn und diverse Fruchthölzer. Ich persönlich verwende gern Apfel, Kirsche oder Zwetschge. Entgegen der Empfehlung weiche ich meist nicht in Wasser ein, da ich mit ihnen nur bei indirekter Hitze arbeite.

Pizzastein

Pizzasteine gibt es in verschiedenen Größen zu kaufen. Ich lege den Pizzastein niemals direkt auf den Rost, sondern stelle mit einem Unterbau (ist in der Regel beim Pizzastein dabei) einen Abstand zum Rost her, damit der Stein gleichmäßig warm wird und der Temperaturunterschied vom Stein zum Garraum nicht zu hoch ist. So verhindere ich, dass Pizza, Brot oder Flammkuchen unten verbrennen, bevor sie durch sind. Den Pizzastein immer vorheizen, bevor das Grillgut aufgelegt wird (das dauert etwa 15 Minuten).

Kerntemperaturmesser

Es gibt im Fachhandel eine Vielzahl an Kerntemperaturmessern. Am besten lassen Sie sich von einem Fachmann beraten. Ich benutze Messgeräte mit einem feuerfesten Kabel, damit ich den Deckel beim Grillen nicht öffnen muss, um die Temperatur abzulesen. Ein gut funktionierender Kerntemperaturmesser ist für mich beim Grillen von manchen Fleischsorten und -stücken ein Muss, um ein perfektes Resultat zu erreichen. Eine Übersicht über die verschiedenen Kerntemperaturen finden Sie auf S. 12.

Grillbesteck

Eine gute Grillzange aus Metall und eine Grillpinzette habe ich beim Grillen immer und überall mit dabei. Ganz wichtig ist auch ein Spachtel aus Edelstahl ohne langen Griff, damit man kleines Grillgut, Fisch und Fleisch gut wenden oder auch vom Rost nehmen kann.

Dutch Oven, Bräter & Co.

Ein Dutch Oven ist ein Topf aus Gusseisen mit Deckel. Er kann zum Kochen direkt auf glühende Kohlen gestellt werden und auch zusätzlich mit Kohlen belegt werden, um eine Art Ober- und Unterhitze zu erzeugen. Ich benutze ihn gern für Ragouts und Eintöpfe, aber auch zum Brotbacken und für Desserts. Zudem ist ein feuerfester Bräter beziehungsweise eine Reine oder Auflaufform nützlich. Darin lassen sich zum Beispiel Aufläufe und Gratins zubereiten. Um die Umwelt zu schonen, möchte ich kein Wegwerfgeschirr aus Aluminium verwenden, das außerdem noch in der Kritik steht, gesundheitsschädlich zu sein. Wenn ich mit Alufolie arbeite, lege ich daher auch immer eine Lage Backpapier zwischen Alufolie und Lebensmittel.

BBQ-SMOKER

Ein BBQ-Smoker bietet viele Möglichkeiten und kann mit etwas Erfahrung als richtige Außenküche eingesetzt werden. Man unterscheidet zwischen dem klassischen Barrel Smoker und dem Chuckwagen (mit seitlichem Räucherturm). Beide werden mit Holz oder Kohle angefeuert, unterstützt von Räucherchunks in der Sidefirebox. Das Grillgut im Garraum wird durch den heißen Rauch langsam gegart und dadurch besonders zart.

GUTE ZUTATEN ZUR RICHTIGEN ZEIT

Gutes Grillen fängt bei der Kohle und beim Holz an und geht mit dem Anzünder weiter. Ebenso ist die Qualität der Zutaten enorm wichtig. Aus schlechten Grundzutaten wird man nie ein leckeres Essen grillen können. Daher versuche ich, Fleisch aus artgerechter Haltung zu verarbeiten und regionales Gemüse, das gerade Saison hat – idealerweise in Bio-Qualität. Bei meinen Gerichten lege ich Wert darauf, nicht mit exotischen Zutaten zu brillieren, sondern vielmehr mit der geschickten Kombination von Gewürzen, Fleisch, Fisch und Beilagen.

Speziell beim Fleisch sollte man genau darauf achten, woher es kommt und wie es erzeugt wurde. Wir sollten bereit sein, eine verantwortungsbewusste Landwirtschaft zu fördern und Bauern zu unterstützen, die sorgsam mit ihren Tieren umgehen. Denn Tiere, die mehr Platz haben, keinen Stress beim Transport erleben, artgerechtes Futter und keine Antibiotika erhalten, sind zufriedener und ruhiger – und ergeben auch besseres Fleisch. Ich verzichte lieber auf Fleisch fragwürdiger Herkunft und esse stattdessen etwas Vegetarisches.

Beim Thema Fleisch ist auch die Reifung ein wichtiger Faktor. Bei Rind (Rücken) geht nichts über das sogenannte »Dry aged«, also trocken gereiftes Fleisch. Im Gegensatz zur Nassreifung, bei der das Fleisch vakuumiert wird und sozusagen im eigenen Saft lagert, hängt es bei der Trockenreifung etwa vier Wochen »unverpackt« und noch am Knochen im Kühlhaus, teilweise sogar bis zu zehn Wochen. Die Länge, Temperatur und Luftfeuchtigkeit bei der Trockenreifung ist das Geheimnis des jeweiligen Metzgers. Nicht selten verliert das Fleisch dabei 20 bis 30 Prozent an Gewicht. Dry Aging verleiht dem Fleisch eine nussige Note und eine Zartheit, die ihresgleichen sucht.

KERNTEMPERATUREN

Ich empfehle jedem Grillfan die Anschaffung eines guten Kerntemperaturmessers (s. S. 11). Das verhindert böse Überraschungen und garantiert wunderbar zartes Fleisch. Hier finden Sie eine kleine Übersicht, welche Fleischstücke bei welcher Kerntemperatur perfekt gegart sind. Perfekt heißt für mich beim Rücken gerade an der Schwelle zwischen rosa und durch, beim Filet medium und beim Tafelspitz rosa, bei Geflügelbrust gerade so durch, bei Keule, Schulter und Nacken durch.

	Kalb	Rind	Schwein	Wildschwein	Reh/Hirsch	Geflügel
Brust		90–92 °C				68–70 °C
Hals/Nacken	75–77 °C	75–77 °C	75–77 °C	78–80 °C		
Schulter	80–85 °C	80–85 °C	80–85 °C	80–85 °C	80–85 °C	
Rücken	60–62 °C	56–58 °C	60–62 °C	60–62 °C	56–58 °C	
Filet	58–60 °C	54–56 °C	58–60 °C	60–62 °C	58–60 °C	
Keule	80–85 °C	80–85 °C	80–85 °C	72–75 °C	65–72 °C	78–80 °C
Tafelspitz	60–62 °C	60–62 °C			60–62 °C	
Braten (Nuss oder Schale)	78–82 °C	82 °C	78–82 °C	75–78 °C	75–78 °C	

Vorsicht, heiss!

Wer mit dem Feuer spielt, sollte sich unbedingt an ein paar Grundregeln und Sicherheitsvorkehrungen halten. Finden Sie für den Grill zunächst einen Platz im Freien, an dem er gerade und sicher steht, ohne zu wackeln. Dabei sollten Sie auch auf ausreichend Abstand zu brennbaren Materialien achten. Anzündhilfen müssen ausdrücklich zum Grillen geeignet sein – also Finger weg von Spiritus und Ähnlichem. Beim Verwenden von flüssigen Anzündhilfen dürfen diese nur vor dem Anzünden auf das Brenngut gegeben, nicht mehr hinterher in den Grill gegossen werden.

Ist der Grill erst einmal entfacht, sollten Sie immer ein Auge auf ihn haben, besonders natürlich, wenn Kinder in der Nähe sind. Beim Hantieren mit offenem Feuer – zum Beispiel beim Grillen im Erdloch – ist besondere Aufmerksamkeit geboten. Um hier den Überblick nicht zu verlieren, sollten alle Anwesenden – und speziell der Grillmeister als Hauptverantwortlicher – alkoholische Getränke nur bewusst und in Maßen genießen.

Festes Schuhwerk und Grillhandschuhe helfen, Ihre Haut vor Funken und Fettspritzern zu schützen. Grillroste und andere heiße Gegenstände nicht einfach gedankenlos irgendwo abstellen – ahnungslose Gäste werden es Ihnen danken. Sollte doch einmal etwas passieren, hilft es, die Brandverletzung mit Wasser zu kühlen. Bei schweren Verbrennungen sollten Sie umgehend ärztliche Hilfe holen.

Gerät Fett – oder gar der gesamte Grill – in Brand, darf auf keinen Fall mit Wasser gelöscht werden. Benutzen Sie in solchen Fällen eine Löschdecke oder einen Feuerlöscher. Und zu guter Letzt: Auch, wenn es spät geworden ist – Asche und Kohle muss man vor dem Entsorgen unbedingt erst vollständig auskühlen lassen.

RICHTIG REINIGEN

Die einfachste und von mir bevorzugte Art, den Grill nach getaner Arbeit zu reinigen, besteht darin, ihn bei geschlossenem Deckel einmal richtig voll aufzuheizen und anschließend ausbrennen zu lassen. Durch den thermo-chemischen Vorgang »Pyrolyse« werden Fett und andere Überbleibsel auf dem Grillrost zu Asche zersetzt und können anschließend mit einer Grillbürste ganz leicht entfernt werden. Das Grillgehäuse reinige ich nach dem Abkühlen

mit einem umweltverträglichen Reinigungsmittel. Zwei- bis dreimal im Jahr empfehle ich – je nach Häufigkeit der Benutzung und dem Grad der Verschmutzung – eine Komplettreinigung. Dabei entferne ich die Grillroste und reinige diese sowie die ganzen Blechteile und Blechwannen in Spülwasser. Auch bei den Hilfsmitteln ist gute Qualität gefragt. Verwenden Sie am besten nachhaltige und ökologische Reinigungsmittel.

WÜRZMISCHUNGEN, BUTTER & SAUCEN

SCHINKENSALZ

Dieses Salz verwende ich gern für Fisch. Es gibt einen gewissen Kick
und sorgt immer wieder für überraschende Geschmacksmomente.

Für etwa 300 g
100 g luftgetrockneter Schinken (z. B. Parma
oder Serrano), in dünnen Scheiben
200 g Salzflocken (z. B. Murray River Salt)

Zubereitung: 10 Min.
Ziehzeit: 3 Tage

1. Den Schinken in sehr feine Würfel schneiden,
so fein wie möglich! Mit dem Salz gut vermischen
und in ein Glas mit Schraubdeckel füllen.

2. Das Glas verschließen und das Schinkensalz
2–3 Tage ziehen lassen, dabei zwischendurch öfters
durchschütteln.

UNIVERSAL-GRILLGEWÜRZ

Eine Universalwürzmischung für helles Fleisch und zudem eine
vielseitig einsetzbare Basis für andere Grillgewürze.

Für etwa 300 g
100 g gutes Salz (z. B. Meer-, Himalaya- oder Ursalz)
100 g mildes Currypulver
100 g edelsüßes Paprikapulver

Zubereitung: 5 Min.
Ziehzeit: 3 Tage

1. Das Salz mit dem Currypulver und dem Paprikapulver vermischen und in ein Glas mit Schraubdeckel füllen.

2. Das Glas verschließen und das Universal-Grillgewürz vor der Verwendung 2–3 Tage ziehen
lassen.

GEFLÜGELGEWÜRZ

Diese Gewürzmischung passt zu allen Geflügelgerichten
und außerdem zu Gemüse vom Grill, den Veggies.

Für etwa 80 g
6 EL Universal-Grillgewürz (s. o.)
je 1 EL gemahlener Rosmarin und Bohnenkraut
1 TL Knoblauchpulver, ½ TL gemahlener Kümmel

Zubereitung: 5 Min.
Ziehzeit: 3 Tage

1. Das Universal-Grillgewürz mit den anderen
Gewürzen vermischen und in ein Glas mit Schraubdeckel füllen. Das Glas verschließen und alles gut
durchschütteln.

2. Das Geflügelgewürz vor der Verwendung
2–3 Tage ziehen lassen.

MEDITERRANES KRÄUTERSALZ

Dieses Salz schmeckt zu Veggies, Fisch, Meeresfrüchten und hellem Fleisch.

Für etwa 300 g
2 EL getrocknetes Basilikum
je 1 EL getrockneter Rosmarin, Thymian und Oregano
1 TL getrocknete Lavendelblüten
300 g feines Meersalz

Zubereitung: 5 Min. | Ziehzeit: 3 Tage

1. Die getrockneten Kräuter und die Lavendelblüten im Mörser fein zerreiben und mit dem Salz vermischen. In ein Glas mit Schraubdeckel füllen.

2. Das Glas verschließen und das Kräutersalz 2–3 Tage ziehen lassen. Wichtig: vor Gebrauch kurz schütteln.

ORIENTALISCHES GEWÜRZSALZ

Dieses Salz reiche ich zu Lamm, Wildgerichten, Veggies und Schafskäse. Es würzt aber auch Joghurtsaucen.

Für etwa 320 g
je 1 TL Schwarzkümmelsamen, geröstete Sesamsamen, getrocknete Bio-Orangenschale und gemahlener Kreuzkümmel
je ½ TL gemahlene Chili und Anis
300 g feines Meersalz

Zubereitung: 10 Min. | Ziehzeit: 3 Tage

1. Alle Würzzutaten im Mörser fein zerreiben und mit dem Salz vermischen. In ein Glas mit Schraubdeckel füllen.

2. Das Glas verschließen und alles gut durchschütteln. Das Gewürzsalz vor der Verwendung 2–3 Tage ziehen lassen.

ASIA-GEWÜRZSALZ

Dieses Salz schmeckt zu Geflügel, Schwein und Gemüse.

Für etwa 330 g
je 1 EL Koriandersamen, Knoblauchgranulat und fein gehackter Ingwer
je ½ EL fein gehacktes Zitronengras und fein gehackte Chilischote
½ TL gemahlener Zimt
2 EL edelsüßes Paprikapulver
300 g feines Meersalz

Zubereitung: 5 Min. | Ziehzeit: 5 Wochen

1. Die Koriandersamen mörsern, mit den restlichen Gewürzen mischen und in ein Glas mit Schraubdeckel füllen.

2. Das Glas verschließen und das Asia-Salz 4–5 Wochen ziehen lassen. Wichtig: vor Gebrauch kurz schütteln.

BASIS-BBQ-GEWÜRZMISCHUNG

Diese Gewürzmischung passt zu allen »Low-&-Slow-Gerichten«,
zu dunklem Fleisch und zu Lamm.

Für etwa 80 g
2 EL edelsüßes Paprikapulver
1 EL Salz, 1 TL Senfpulver
1 EL brauner Zucker
1 TL gemahlener Kreuzkümmel
½ TL gemahlene Chili
1 TL Knoblauchpulver
1 TL gemahlene Selleriesamen
2 EL Currypulver
1 EL fein gemörserte Röstzwiebeln

Zubereitung: 5 Min.
Ziehzeit: 3 Tage

1. Alle Zutaten in ein Glas mit Schraubdeckel füllen. Das Glas verschließen und alle Zutaten gut durchschütteln.

2. Die Basis-BBQ-Gewürzmischung vor der Verwendung 2–3 Tage ziehen lassen.

WILDGEWÜRZ

Diese Gewürzmischung passt zu allen Wildgerichten,
außerdem zu Lamm- und Ziegenfleisch.

Für etwa 100 g
6 EL Universal-Grillgewürz (s. S. 18)
je 2 TL gemahlener wilder Oregano und Rosmarin
1 TL gemahlener Kardamom
½ TL gemahlener Anis
1 TL Rosa Pfefferbeeren, grob zerstoßen
je 1 TL gemahlene Wacholderbeeren
1 TL gemahlene Lorbeerblätter
2 TL Garam masala (ind. Gewürzmischung)

Zubereitung: 5 Min.
Ziehzeit: 3 Tage

1. Das Universal-Grillgewürz mit allen anderen Gewürzen in ein Glas mit Schraubdeckel füllen. Das Glas verschließen und alles gut durchschütteln.

2. Das Wildgewürz vor der Verwendung 2–3 Tage ziehen lassen.

MEDITERRANES KRÄUTERÖL

Passt zu allen Gemüsegerichten, Grillfleisch, Salaten und Dips.

Für etwa 750 ml
*je 2 Zweige Rosmarin, Basilikum
und Zitronenthymian
1 Zweig Lavendel, 1 getrocknete Chilischote
1 Knoblauchzehe
750 ml gutes Olivenöl
1 Flasche (750 ml Inhalt)*

Zubereitung: 10 Min.
Ziehzeit: 3 Wochen

1. Die Kräuter waschen und gut trocken tupfen. Mit der Chilischote und der geschälten Knoblauchzehe in die saubere und trockene Flasche geben.

2. Das Öl dazugießen und die Flasche verschließen. Das Kräuteröl etwa 3 Wochen ziehen lassen.

GEWÜRZÖL MIT CHILI UND KORIANDER

Das Öl schmeckt zu asiatischen und orientalischen Gerichten.

Für etwa 500 ml
*4 Stängel Koriandergrün
8–10 getrocknete kleine Chilischoten
500 ml gutes Olivenöl
1 Flasche (500 ml Inhalt)*

Zubereitung: 10 Min.
Ziehzeit: 4 Wochen

1. Den Koriander waschen und trocken tupfen. Zuerst die Chili, dann die Korianderstängel in die saubere und trockene Flasche geben.

2. Das Öl dazugießen und die Flasche verschließen. Das Gewürzöl 3–4 Wochen ziehen lassen.

WILDES GEWÜRZÖL

Dieses Öl verwende ich zum Aromatisieren von gegrilltem Wildfleisch.

Für etwa 750 ml
*je 1–2 Stiele wilder Majoran und Beifuß
4–6 Lorbeerblätter
12–14 getrocknete Wacholderbeeren
750 ml gutes Olivenöl
1 Flasche (750 ml Inhalt)*

Zubereitung: 10 Min.
Ziehzeit: 4 Wochen

1. Majoran, Beifuß und Lorbeerblätter waschen und trocken tupfen. Die Wacholderbeeren etwas andrücken, damit sich die Aromastoffe im Öl gut entwickeln können.

2. Wacholderbeeren, Majoran, Beifuß und Lorbeerblätter in die saubere und trockene Flasche geben. Das Öl dazugießen und die Flasche verschließen. Das Gewürzöl etwa 4 Wochen ziehen lassen.

Aromatisierte Butter ist für mich eine Bereicherung bei jedem Grillmenü.
Toll, dass man die Zutaten je nach Saison oder Anlass variieren kann.
Für die richtige Konsistenz, die Butter etwa 30 Minuten vor dem Gebrauch
aus dem Kühlschrank nehmen.

ASIA-WÜRZBUTTER

Diese Butter passt zu Veggies und
zu gegrilltem hellem Fleisch.

Für etwa 200 g
1 EL gehackte Korianderblätter
grobes Meersalz
je 1 TL Chiliflocken und
abgeriebene Bio-Limettenschale
200 g weiche Butter

Zubereitung: 10 Min.

Den Koriander mit 2 TL Salz, Chili und Limettenschale in die weiche Butter einarbeiten. Zugedeckt
kühl stellen.

MEDITERRANE BUTTER

Schmeckt auf Brot und gegrilltem
Fleisch sowie zu Veggies.

Für etwa 200 g
je 1 EL gehackte Basilikumblätter,
Oreganoblätter, Thymianblättchen und
Rosmarinnadeln
1 EL Tomatenmark
grobes Meersalz
200 g weiche Butter

Zubereitung: 10 Min.

Die Kräuter mit Tomatenmark sowie 2 TL Salz in die
weiche Butter einarbeiten. Zugedeckt kühl stellen.

WÜRZBUTTER MIT BLAUSCHIMMELKÄSE

Passt zu Kartoffeln, Gemüse
und dunklem Fleisch.

Für etwa 275 g
75 g zimmerwarmer Blauschimmelkäse
Langpfeffer, grob gemörsert
grobes Meersalz
200 g weiche Butter

Zubereitung: 10 Min.

Den Käse, 2 TL Pfeffer und 2 TL Salz in die weiche
Butter einarbeiten, bis alles gut vermischt ist.
Die Butter in kleine Töpfchen füllen und zugedeckt
kühl stellen.

ZITRONEN-MINZE-BUTTER

Passt zu Lamm, Ziege oder Wild.
Außerdem fein zu Fisch und Veggies.

Für etwa 200 g
1 Bio-Zitronenscheibe (etwa 1 cm dick)
15 Minzeblätter
grobes Meersalz
200 g weiche Butter

Zubereitung: 15 Min.

Die Zitronenscheibe bei direkter Hitze (250–300 °C)
auf dem Rost auf jeder Seite 3–5 Minuten grillen.
Die Zitronenscheibe mit der Minze fein hacken und
mit 1 TL Salz in die weiche Butter einarbeiten.
Zugedeckt kühl stellen.

TOMATEN-PAPRIKA-SALSA

Die Tomaten-Paprika-Salsa fehlt bei mir an keinem Grillabend. Sie ist schnell gemacht und passt als Dip zu gegrilltem Fleisch oder Gemüse. Oder ich serviere sie als Vorspeise zu knusprig gegrilltem Brot.

Für etwa 400 g
1 rote Paprikaschote
1 kleine Chilischote
4 reife Tomaten
2 Frühlingszwiebeln
1 Knoblauchzehe
3 EL Olivenöl
Salz
schwarzer Pfeffer, grob gemahlen

Zubereitung: 15 Min.

1. Paprika- und Chilischote längs halbieren, entkernen, waschen und fein würfeln. Die Tomaten waschen und ohne den Stielansatz ebenfalls fein hacken. Die Frühlingszwiebeln putzen, waschen und mit dem Grün in dünne Ringe schneiden. Den Knoblauch schälen und sehr fein hacken.

2. Paprika, Chili, Tomaten und Frühlingszwiebeln mit dem Öl mischen. Den Knoblauch unterrühren. Die Salsa mit Salz und Pfeffer würzen und zugedeckt an einem kühlen Ort etwas ziehen lassen.

AIOLI MIT KAPERN UND ESSIGGURKEN

Bei einer selbst gemachten Aioli ist es wichtig, dass die Eier ganz frisch sind und alle Zutaten bei der Verarbeitung Raumtemperatur haben. Also alles rechtzeitig aus dem Kühlschrank nehmen. Die Aioli passt zu Fisch, Kartoffeln und gegrilltem Fleisch.

Für etwa 700 g
2 EL Kapern (aus der Salzlake)
4 Essiggurken
3 sehr frische Bio-Eier
1 große Knoblauchzehe
1 EL scharfer Senf
225 ml Olivenöl
225 ml Rapsöl
1 EL Sherryessig
Salz
schwarzer Pfeffer, grob gemahlen

Zubereitung: 15 Min.

1. Kapern und Essiggurken sehr fein hacken. Die Eier trennen. Den Knoblauch schälen und grob hacken. Die Eigelbe mit Knoblauch, Senf, Olivenöl, Rapsöl und Sherryessig in einen hohen Rührbecher geben.

2. Den Stabmixer in den Rührbecher stellen und anschalten. Den laufenden Stabmixer ganz langsam in die Höhe ziehen – fertig ist die Mischung. Kapern und Gurkenwürfel untermischen und die Aioli mit Salz und Pfeffer abschmecken.

GEPFEFFERTE PREISELBEEREN

Eigentlich ist das Rezept mal aus der Not entstanden, als ich einen Dip für Wildfleisch brauchte. Mit Pfeffer gemischt bekommen die Beeren so richtig Pep. Sie passen auch zu geräuchertem Käse sowie zu Desserts und gegrillten Früchten.

Für etwa 200 g
2 TL Langpfeffer
2 TL Tellicherry-Pfeffer
grobes Meersalz
150 g Wildpreiselbeerkonfitüre (aus dem Glas)

Zubereitung: 5 Min.
Ziehzeit: 3 Tage

1. Den Langpfeffer und den Tellicherry-Pfeffer im Mörser nicht zu fein zerreiben. Dann mit 1 EL Salz zur Wildpreiselbeerkonfitüre geben und alles gut mischen.

2. Die gepfefferten Preiselbeeren zugedeckt an einen kühlen Ort stellen und vor dem Gebrauch 2–3 Tage ziehen lassen.

BASIS-BBQ-SAUCE

Schmeckt zu allen gegrillten Fleischsorten und darf wirklich bei keinem Grillfest fehlen!

Für etwa 700 g
1 Zwiebel
2 EL Olivenöl
30 ml Whiskey
500 ml Ketchup
2 EL Sojasauce
Salz
schwarzer Pfeffer, grob gemahlen
2 TL gemahlene Röstzwiebeln
2 TL Knoblauchpulver
1 TL gemahlener Kreuzkümmel
1 ½ EL Pimentón (Räucherpaprika)
1 ½ EL Currypulver
1 TL gemahlene Chili
2 EL Palmzucker

Zubereitung: 10 Min.
Garzeit: 1 Std.

1. Die Zwiebel schälen und fein hacken. Das Öl in einem Topf (oder im Grillwok) erhitzen und die Zwiebel darin andünsten. Mit dem Whiskey ablöschen.

2. Ketchup, Sojasauce, Salz und alle gemahlenen Gewürze sowie den Zucker hinzufügen und unterrühren. Die Sauce bei schwacher Hitze unter Rühren etwa 1 Stunde köcheln lassen.

ICH MISCHE VOR DEM SERVIEREN GERNE NOCH KLEIN GEWÜRFELTE ROTE PAPRIKASCHOTE UNTER DIE BBQ-SAUCE. DAS VERLEIHT DER EHER RUSTIKALEN SAUCE EINEN HAUCH ELEGANZ UND MACHT SIE NOCH UNIVERSELLER EINSETZBAR.

SALZZITRONEN

Die Salzzitronen habe ich bei der Grill- und BBQ-WM in Marokko entdeckt. In der dortigen Küche werden Salzzitronen fast in jedem Tajine-Gericht verwendet. Ich liebe diese Zitronen als Würzmittel und gebe sie gern in Ragouts. Oder ich verfeinere Fisch, Hähnchen, Kalbfleisch oder Gemüse mit klein geschnittenen Salzzitronen und etwas Olivenöl.

Für 4 Salzzitronen
150 g Salz
4 Bio-Zitronen
1 großes Glas mit Schraubdeckel

Zubereitung: 15 Min.
Backzeit: 30 Min.
Ziehzeit: 4 Wochen

1. In einem Topf 1,5 l Wasser erhitzen und das Salz darin unter Rühren auflösen. Die Zitronen heiß waschen, ins Salzwasser geben und 5 Minuten kochen. Den Backofen auf 120 °C vorheizen.

2. Die Zitronen in ein sauberes Glas mit Schraubdeckel geben und mit dem Salzwasser bis etwa 1 cm unter den Rand auffüllen. Das Glas verschließen und die Zitronen im Backofen etwa 30 Minuten einkochen lassen.

3. Das Glas mit den Zitronen aus dem Ofen nehmen und 4 Wochen ruhen lassen. Dann sind die Zitronen essbar. Sie halten in der Regel mehrere Wochen.

AUF DIE GLEICHE WEISE KÖNNEN SIE AUCH ORANGEN, LIMETTEN, KUMQUATS ODER QUITTEN EINLEGEN. ALLE DIESE SALZIGEN FRÜCHTE SCHMECKEN WUNDERBAR ZU FISCH, FLEISCH, EISDESSERTS ODER RAGOUTS. ICH GEBE SALZORANGEN SOGAR IN KLASSISCHES BEEF STEW – SIE PASSEN EINFACH WUNDERBAR UND GEBEN DEM GANZEN EINEN TOLLEN KICK.

FINGER-FOOD & VORSPEISEN

FRISCHE FEIGEN
im Pancetta-Mantel

Eine kleine, feine Vorspeise oder Zwischenmahlzeit. Wenige Zutaten, große Wirkung! Ein wichtiges Hilfsmittel ist hier ein Räucherbrettchen. Ich weiche Räucherbrettchen entgegen der Empfehlung nicht in Wasser ein, da ich die feuchte Hitze beim Grillen nicht mag. Außerdem arbeite ich beim Einsatz mit den Brettchen ohnehin ausschließlich mit indirekter Hitze. Wichtig ist immer auch, mit geschlossenem Deckel zu grillen.

Für 4 Personen
8 frische Feigen
8 Scheiben Pancetta oder Parmaschinken
1 EL Tasmanischer Bergpfeffer, grob gemahlen

Vorbereitung: 10 Min.
Grillzeit: 12 Min.

1. Die Feigen waschen, trocken tupfen und jeweils die Spitzen mit Stiel großzügig entfernen. Jede Feige mit 1 Scheibe Pancetta oder Parmaschinken umwickeln. Die Feigen mit der abgeschnittenen Seite nach oben auf das Räucherbrettchen stellen.

2. Die Feigen mit Tasmanischem Bergpfeffer bestreuen und das Räucherbrettchen in die indirekte Zone des Grills stellen. Die Feigen bei indirekter Hitze (200 °C) mit geschlossenem Deckel 10–12 Minuten grillen, bis der Pancetta oder Parmaschinken knusprig ist. Dazu schmecken Gepfefferte Preiselbeeren (s. S. 27).

 **200 °C**

GRÜNER SPARGEL IM SPECKMANTEL

mit Melone und Avocado

Ein wahrhaft frühlingshaftes Rezept. Sobald der erste grüne Spargel auf dem Wochenmarkt erhältlich ist, bereite ich dieses Rezept in meinen Seminaren als kleine Vorspeise zu. Einfach, ohne viele Zutaten, mit tollem Effekt! Den grünen Spargel verwende ich bewusst, da er so ein schönes nussiges Aroma hat.

Für 4 Personen
8 grüne Spargelstangen
8 Scheiben Schinkenspeck
2 Avocados
Salz
2 Scheiben Honigmelone (etwa 3 cm dick)
schwarzer Pfeffer, grob gemahlen

Vorbereitung: 10 Min.
Grillzeit: 10 Min.

1. Den Spargel waschen und die holzigen Enden abschneiden. Jede Spargelstange unten beginnend mit 1 Scheibe Schinkenspeck umwickeln. Die Avocados halbieren und den Kern entfernen. Die Schnittflächen mit etwas Salz bestreuen und die Avocados auf dem Rost bei direkter Hitze (250 °C) 4–6 Minuten grillen.

2. Die Melonenscheiben in Stücke schneiden und auf dem Rost auf jeder Seite grillen, bis sie Grillstreifen bekommen. Den Spargel auf dem Rost rundherum grillen, bis er weich und der Speck knusprig ist. Spargel mit Melone und Avocado anrichten. Mit Salz und Pfeffer abschmecken.

ALTERNATIV KÖNNEN SIE DIE GEGRILLTEN AVOCADOS AUCH MIT LIMETTENSAFT, SALZ UND PFEFFER ZU EINER GUACAMOLE VERARBEITEN UND ZUM SPARGEL REICHEN. BEI MEHRGÄNGIGEN MENÜS IST EINE AVOCADOHÄLFTE PRO PERSON ALLERDINGS ZU VIEL DES GUTEN.

 **250 °C**

GARNELENSPIESSE

mit Aprikosen-Chili-Dip

Einfaches, aber sehr leckeres Fingerfood. Für den Dip kann man anstelle der Aprikosen auch Himbeeren, Erdbeeren oder Kiwi verwenden.

Für 4 Personen
1 EL brauner Zucker
2 EL Weißweinessig
5 reife Aprikosen
1 Chilischote
Salz
2 EL Öl
16 Garnelen (bis auf den Schwanzfächer geschält, ohne Darm)

Vorbereitung: 15 Min.
Grillzeit: 8 Min.

1. Zucker und Essig im Grillwok unter Rühren erwärmen, bis sich der Zucker aufgelöst hat.

2. Die Aprikosen waschen, abtrocknen und halbieren. Die Hälften entsteinen und in kleine Würfel schneiden.

3. Die Aprikosenwürfel zur Essig-Zucker-Mischung geben und alles mit dem Stabmixer fein pürieren. Die Chilischote längs halbieren, entkernen, waschen, fein hacken und unter den Dip rühren. Mit Salz abschmecken.

4. Das Öl in einer Schüssel mit etwas Salz mischen und die Garnelen darin wenden. Die Garnelen auf vier gewässerte Holzspieße stecken und auf dem Rost bei direkter Hitze (250–300 °C) auf jeder Seite 2 Minuten grillen. Mit dem Dip servieren.

250 – 300 °C

MEDITERRANE GARNELEN

Wichtig bei diesem Rezept ist, das Kräuteröl erst nach dem Grillen auf die Garnelen zu träufeln. Denn es kann beim Grillen leicht verbrennen und schmeckt dann bitter.

Für 4 Personen
3 Stängel Basilikum, Blätter abgezupft
4 Zweige Thymian, Blätter abgezupft
2 Stängel Minze, Blätter abgezupft
1 Zweig Rosmarin, Nadeln abgezupft
1 kleines Bund Schnittlauch
180 ml Olivenöl
2 Knoblauchzehen, fein gehackt
abgeriebene Schale von ½ Bio-Limette
24 Garnelen (Größe 8/12, mit Kopf und Schale)
Meersalz

Vorbereitung: 15 Min.
Grillzeit: 6 Min.

1. Die Plancha bei direkter Hitze (200–250 °C) vorheizen. Kräuterblätter und Rosmarinnadeln mit dem Schnittlauch fein hacken und mit dem Öl vermischen. Knoblauch und Limettenschale ebenfalls untermischen.

2. Die Garnelen nach Belieben im Ganzen mit Kopf und Schale grillen oder bis auf das Schwanzende schälen, am Rücken entlang bis zur Mitte aufschneiden, dabei den Darm entfernen. Leicht salzen und auf die vorgeheizte Plancha legen.

3. Die Garnelen auf jeder Seite 2–3 Minuten grillen. Auf Teller verteilen und mit dem Kräuteröl beträufeln. Mit angegrilltem Baguette servieren.

 **200 – 250 °C**

GARNELEN IN HÜHNERHAUT

Dieses Rezept ist zufällig entstanden. Als ich einmal Hühnerkeulen zubereitet habe, suchte ich nach einer Möglichkeit, die Haut der Keulen zu verarbeiten. Da an diesem Tag auch Garnelen am Start waren, war im Nu ein neues Gericht kreiert.

Für 4 Personen
8 Stücke Haut von Hühnerkeulen (s. S. 42)
8 Garnelen (Größe 8/12, mit Kopf und Schale)
2 EL Geflügelgewürz (s. S. 18)

Vorbereitung: 10 Min.
Grillzeit: 6 Min.

1. Die Hühnerhäute auf einer Seite durchschneiden und auf einem Schneidebrett flach auslegen. Mit einem scharfen Messer das überschüssige Fett auf der Innenseite entfernen.

2. Die Garnelen am Rücken entlang leicht einschneiden und den Darm herausziehen. Jede Garnele in 1 Stück Hühnerhaut einwickeln und mit dem Geflügelgewürz würzen.

3. Die Garnelen in Hühnerhaut auf dem Rost bei direkter Hitze (200–250 °C) rundherum 4–6 Minuten grillen, bis die Haut knusprig ist.

 **200 – 250 °C**

HÄHNCHENUNTERKEULEN

mit Crunch

Ich kaufe bei meinem Metzger des Vertrauens immer ganze Hähnchenkeulen. Die Unterkeulen reiche ich dann als kleinen Einstieg. Mit einem guten Glas Wein oder einem kühlen Bier dazu lässt es sich so toll in einen Grillabend starten.

Für 4 Personen
4 Hähnchenunterkeulen
2 EL Geflügelgewürz (s. S. 18)
4 EL Basis-BBQ-Sauce (s. S. 27)
1 EL Teriyaki-Sauce
8 EL zerbröselte Tacochips

Vorbereitung: 20 Min.
Grillzeit: 35 Min.

1. Die Hähnchenunterkeulen waschen und trocken tupfen. Die Haut der Unterkeulen etwa 3 cm unterhalb des Knochenendes mit einem scharfen Messer rundherum bis zum Knochen einschneiden. Den gelösten Knorpel über das Knochenende drücken und die verbleibende Haut in Richtung Fleisch schieben, sodass der Knochen blank ist.

2. Einen Bogen Alufolie in vier 5 x 8 cm große Streifen schneiden. Die freigelegten Knochen mit je einem Streifen Alufolie umwickeln, damit sie beim Grillen die Farbe behalten. Die Haut von den Keulen abziehen und für das Garnelenrezept (s. S. 41) beiseitelegen. Das Fleisch der Keulen rundherum mit dem Geflügelgewürz würzen. BBQ- und Teriyaki-Sauce vermischen.

3. Die Keulen auf dem Rost bei indirekter Hitze (200 °C) mit geschlossenem Deckel 15 Minuten grillen. Dann das Fleisch rundherum mit der Saucenmischung bestreichen und nochmals 15–20 Minuten grillen. Die Keulen vom Grill nehmen und die Alufolie entfernen. Das glasierte Hähnchenfleisch zum Servieren in den zerbröselten Tacochips wälzen.

200 °C

BRATWURSTSPIESSE

Die Bratwurst darf eigentlich bei keinem Grillfest fehlen, findet aber in meinen Augen nicht die Anerkennung, die sie eigentlich verdient. Das folgende Rezept stellt die Bratwurst in ein anderes Licht: Kombiniert mit Zwiebeln, Speck und BBQ-Sauce wird aus der einfachen Wurst ein richtig tolles Gericht.

Für 4 Personen
2–3 rote Zwiebeln
4 Grillwürstchen
4 Wiener Würstchen
8 Scheiben Bauernspeck
8 EL Basis-BBQ-Sauce (s. S. 27)

Vorbereitung: 10 Min.
Grillzeit: 14 Min.

1. Die Plancha bei direkter Hitze (300 °C) vorheizen. Die Zwiebeln schälen und in Ringe schneiden. Alle Würstchen in etwa 4 cm lange Stücke schneiden und abwechselnd auf vier Metallspieße oder gewässerte Holzspieße stecken. Die Spieße auf dem Rost auf jeder Seite 5–7 Minuten grillen.

2. Die Zwiebeln und den Speck auf der Plancha verteilen und neben den Spießen grillen, bis der Speck knusprig ist und die Zwiebelringe weich sind.

3. Die Bratwurstspieße auf Teller verteilen, mit der BBQ-Sauce beträufeln und mit Speckscheiben und Zwiebeln garniert servieren.

300 °C

CURRYWURST TOM STYLE

Currywurst ist der Klassiker schlechthin und hat in der letzten Zeit eine regelrechte Wiedergeburt erlebt. Weg von der Standardwurst mit langweiliger Currysauce hin zu innovativer Wurst und einer Sauce aus besonderen Zutaten. Ich habe eine Variante mit Münchner Weißwurst – die Bayern bitte ich um Nachsicht – und asiatisch angehauchter Currysauce kreiert.

Für 4 Personen
10 EL allerbesten Ketchup
1 EL Orientalisches Gewürzsalz (s. S. 19)
1 EL Madras-Currypulver
2 EL Teriyaki-Sauce
1 EL Wasabi-Paste
8 Weißwürste Münchner Art

Vorbereitung: 5 Min.
Grillzeit: 10 Min.

1. Den Ketchup mit dem Orientalischen Gewürzsalz und dem Madras-Currypulver vermischen. Teriyaki-Sauce und Wasabi-Paste unterrühren.

2. Die Würste auf dem Rost bei direkter Hitze (250 °C) auf jeder Seite 3–5 Minuten grillen, bis sie leicht aufplatzen. In mundgerechte Stücke schneiden, auf Teller verteilen und nach Belieben mit Currypulver bestreuen. Mit der Currysauce und etwas Brot servieren.

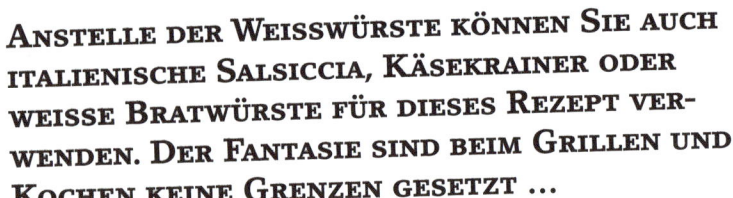

ANSTELLE DER WEISSWÜRSTE KÖNNEN SIE AUCH ITALIENISCHE SALSICCIA, KÄSEKRAINER ODER WEISSE BRATWÜRSTE FÜR DIESES REZEPT VERWENDEN. DER FANTASIE SIND BEIM GRILLEN UND KOCHEN KEINE GRENZEN GESETZT …

 250 °C

HACKBÄLLCHEN
mit Bergkäse

Eine wirklich gute und schnell gemachte Vorspeise. Das Gericht
ist eigentlich ein Klassiker aus der Welt des BBQ und heißt dort »Moink
Balls« (eine Mischung aus »Mooh« und »Oink« = Rind und Schwein).
Ich mache die Bällchen gern mit regionalen Zutaten wie würzigem Bergkäse
und bestem heimischen Räucherspeck.

Für 12 Stück
ca. 360 g Rinderhackfleisch
Salz
schwarzer Pfeffer, grob gemahlen
½ TL gemahlene Chili
2 EL Worcestersauce
*12 Würfel reifer Bergkäse (jeweils
etwa 1 cm Kantenlänge)*
12 Scheiben Räucherspeck
*geriebener Bergkäse zum Bestreuen
(nach Belieben)*

Vorbereitung: 15 Min.
Grillzeit: 12 Min.

1. Das Rinderhackfleisch mit je 1 TL Salz und
Pfeffer, der Chili und der Worcestersauce mischen
und alles zu einem glatten Fleischteig verkneten.
Aus der Masse mit angefeuchteten Händen zwölf
etwa 30 g schwere Bällchen formen.

2. Jeweils eine Mulde hineindrücken und 1 Käse-
würfel hineinsetzen, den Fleischteig darüber verschließen und wieder zu einem Bällchen formen.
Je 1 Scheibe Speck um jedes Bällchen wickeln.
Auf dem Rost bei indirekter Hitze (180–200 °C) mit
geschlossenem Deckel 12 Minuten grillen. Nach
Belieben kurz vor Ende der Garzeit noch etwas
geriebenen Bergkäse über die Bällchen streuen
und schmelzen lassen.

DEM REZEPT KÖNNEN SIE GANZ LEICHT EINE
MEDITERRANE NOTE VERLEIHEN: TAUSCHEN SIE
EINFACH DEN BERGKÄSE GEGEN TALEGGIO UND
DEN RÄUCHERSPECK GEGEN LARDO AUS UND
VERFEINERN SIE DIE HACKFLEISCHMASSE MIT
ETWAS THYMIAN UND ROSMARIN.

 **180 – 200 °C**

BURGER TRILOGIE

Im Moment gibt es einen wahren Burgerboom. In größeren Städten finden sich mittlerweile unzählige Burgerrestaurants. Ich persönlich mag Burger, obwohl ich eher selten einen außer Haus esse – bei uns in der ländlichen Umgebung ist das Angebot doch eher bescheiden. Ich mache meine Burger lieber selbst und zeige Ihnen hier drei Rezepte für Burger, wie ich sie gern zubereite und esse: einmal klassisch, einmal mediterran und einmal Asia-Style. Das Rezept für die tollen Burger Buns hat mir mein Freund Martin zur Verfügung gestellt, ich habe es nur leicht abgeändert. Die Buns mache ich immer auf Vorrat. Einfach die fertigen Buns einfrieren und bei Bedarf auftauen.

BURGER BUNS

Für 8 Stück
15 g Hefe
Salz
500 g Mehl
1 EL Palmzucker
3 EL Olivenöl
1 Eigelb, mit etwas Milch verquirlt
Sesamsamen zum Bestreuen
Mehl für die Arbeitsfläche

Zubereitung: 20 Min.
Ruhezeit: 2 Std.
Backzeit: 15 Min.

1. Die Hefe in 230 ml lauwarmes Wasser bröckeln und darin auflösen. 2 TL Salz in 50 ml lauwarmem Wasser unter Rühren auflösen (bitte die Mengen genau einhalten). Das Mehl sieben und mit Hefewasser, Palmzucker und Öl zu einem Teig verkneten. Das Salzwasser hinzufügen und alles zu einem glatten Teig kneten. Den Teig zugedeckt an einem warmen Ort etwa 1 Stunde gehen lassen.

2. Den Teig auf der leicht bemehlten Arbeitsfläche kurz durchkneten, bis er etwas glänzt. In acht etwa 90 g schwere Stücke teilen, die Teiglinge mit etwas Druck auf der leicht bemehlten Arbeitsfläche kneten und zu Kugeln formen.

3. Die Teiglinge auf zwei mit Backpapier belegte Backbleche setzen und etwas flach drücken. Zugedeckt noch 40–60 Minuten gehen lassen. Inzwischen den Backofen auf 210 °C vorheizen und eine hitzebeständige Schüssel mit Wasser auf den Ofenboden stellen. Die Teiglinge mit dem verquirlten Eigelb bestreichen und mit Sesam bestreuen. Im Ofen 13–15 Minuten goldgelb backen. Nach der Backzeit die Buns mit Wasser besprühen und mit einem Tuch bedeckt abkühlen lassen.

TOMS CLASSIC BURGER

Für 4 Personen
320 g Rinderhackfleisch (20 % Fett)
Salz
schwarzer Pfeffer, grob gemahlen
2 EL Sojasauce
½ TL gemahlene Chili
4 Zwiebelringe
4 Burger Buns (s. S. 52)
1 EL Butter
8 Scheiben geräucherter Bauernspeck
4 Scheiben Cheddar
4 Salatblätter
4 EL Basis-BBQ-Sauce (s. S. 27)
1 Handvoll Tacochips
4 Tomatenscheiben

Vorbereitung: 15 Min.
Grillzeit: 10 Min.

1. Die Plancha bei direkter Hitze (250 °C) vorheizen. Das Hackfleisch mit je 1 TL Salz und Pfeffer, der Sojasauce und der Chili gründlich vermengen. Aus dem Fleischteig mit angefeuchteten Händen vier gleich große Kugeln formen. Die Zwiebelringe auf der Plancha 2–3 Minuten auf beiden Seiten grillen.

2. Die Buns quer halbieren und die Schnittflächen mit etwas Butter bestreichen. Anschließend auf der Plancha 2–3 Minuten grillen. Den Speck daneben knusprig grillen, danach zur Seite schieben. Die Hackfleischkugeln auf die Plancha legen und mit einem Spachtel zu etwa 2 cm dicken Pattys flach drücken. Die Pattys etwa 3 Minuten grillen, wenden und mit je 1 Scheibe Käse belegen. Danach noch 3–4 Minuten grillen.

3. Die Unterseiten der Buns zuerst mit je 1 Salatblatt belegen, dann das Fleisch daraufsetzen und mit BBQ-Sauce beträufeln. Zwiebelringe, einige Tacochips und Speck daraufgeben, zuletzt 1 Tomatenscheibe auflegen. Die Oberseiten der Buns daraufsetzen.

 250 °C

MEDITERRANE PUTENBURGER

Für 4 Personen
320 g Putenhackfleisch
Salz, schwarzer Pfeffer, grob gemahlen
2 EL fein gehackte getrocknete Tomaten
1 EL fein gehackte schwarze Oliven
2 TL getrockneter Oregano
1 EL guter Ketchup
1 EL Basis-BBQ-Sauce (s. S. 27)
1 EL Teriyaki-Sauce
4 Burger Buns (s. S. 52)
1 EL Butter
1 Handvoll Rucola (nach Belieben)
4 Tomatenscheiben

Vorbereitung: 15 Min.
Grillzeit: 11 Min.

1. Die Plancha bei direkter Hitze (250 °C) vorheizen. Das Hackfleisch mit je 1 TL Salz und Pfeffer
sowie Tomaten, Oliven und Oregano gründlich
vermengen. Den Fleischteig in vier gleich große
Kugeln teilen. Ketchup, BBQ-Sauce und Teriyaki-
Sauce gut vermischen.

2. Die Buns quer halbieren und die Schnittflächen
mit Butter bestreichen. Anschließend auf der
vorgeheizten Plancha 2–3 Minuten grillen, danach
zur Seite schieben. Die Hackfleischkugeln auf
die Plancha legen und mit einem Spachtel zu etwa
2 cm dicken Pattys flach drücken.

3. Die Pattys 3–4 Minuten grillen, wenden und
weitere 3–4 Minuten grillen. Die Unterseiten der
Buns auf Teller legen. Nach Belieben den Rucola
darauf verteilen. Anschließend das Fleisch und die
Tomatenscheiben daraufsetzen und mit der Sauce
beträufeln. Zuletzt die Oberseiten der Buns auflegen.

 250 °C

ASIA-BURGER

Für 4 Personen
350 g Lachsfilet
Asia-Salz (s. S. 19)
schwarzer Pfeffer, grob gemahlen
4 Burger Buns (s. S. 52)
1 EL Butter
4 EL süßsaure Asia-Sauce (Fertigprodukt)
1 Handvoll gemischte Sprossen

Vorbereitung: 15 Min.
Grillzeit: 11 Min.

1. Die Plancha bei direkter Hitze (250 °C) vorheizen. Den Lachs waschen, trocken tupfen und in
feines Tatar schneiden. Mit je 1 TL Asia-Salz und
Pfeffer gründlich vermengen. Die Lachsmasse in
vier gleich große Kugeln teilen.

2. Die Buns quer halbieren und die Schnittflächen
mit Butter bestreichen. Anschließend auf der vorgeheizten Plancha 2–3 Minuten grillen, danach zur
Seite schieben. Die Lachskugeln auf die Plancha
legen, mit einem Spachtel zu etwa 2 cm dicken
Pattys flach drücken. Die Lachspattys 3–4 Minuten
grillen, wenden und weitere 3–4 Minuten grillen.

3. Die Unterseiten der Buns auf Teller legen. Die
Lachspattys daraufsetzen, mit der süßsauren Sauce
beträufeln und mit den Sprossen belegen. Zuletzt
die Oberseiten der Buns auflegen.

 250 °C

GEGRILLTE AUBERGINEN
auf Bauernbrot

Beim Grillen von Auberginen ist es wichtig, dass man ihnen vorher Wasser entzieht. Dazu die Auberginen dünn aufschneiden, mit etwas Salz bestreuen und 10–15 Minuten ziehen lassen. Die Flüssigkeit auf der Oberfläche mit einem Küchenpapier abtupfen und schon können die Scheiben auf den Grill.

Für 4 Personen
1 große Aubergine
Salz
4 große Scheiben Bauernbrot
2 EL Butter
3–4 Knoblauchzehen

Vorbereitung: 20 Min.
Grillzeit: 12 Min.

1. Die Aubergine waschen, trocken tupfen und längs in dünne Scheiben schneiden. Mit Salz bestreuen und 10–15 Minuten entwässern lassen.

2. Die Auberginenscheiben mit Küchenpapier abtupfen und auf dem Rost bei direkter Hitze (250 °C) auf jeder Seite 3–4 Minuten grillen, bis sie Farbe angenommen haben. Die Plancha bei direkter Hitze (250 °C) vorheizen.

3. Die Brotscheiben mit etwas Butter bestreichen und mit der Butterseite nach unten auf den Rost legen. Bei direkter Hitze 2–3 Minuten grillen, bis ein schönes Grillmuster entstanden ist.

4. Den Knoblauch schälen und in Scheiben schneiden. Auf der vorgeheizten Plancha auf jeder Seite etwa 30 Sekunden goldbraun grillen. Die Brotscheiben mit der gebutterten Seite nach oben auf Teller legen, zuerst mit Auberginenscheiben, dann mit dem Knoblauch belegen und etwas salzen.

250 °C

FLAMMKUCHEN
mit Parmaschinken und Oliven

Flammkuchen werden bei uns zu Hause sehr gern gemacht. Für mich sind sie eine herrlich praktische und vielseitige Sache, die im Nu zubereitet ist. Ich habe immer etwas Flammkuchenteig im Gefrierschrank. Wenn unverhofft Besuch kommt, ist ein Flammkuchen zu einem Glas Wein eine gute Wahl. Sobald der Pizzastein die richtige Temperatur hat, sind die Flammkuchen in 3–4 Minuten fertig. Wichtig ist, dass man einen Grill mit Deckel hat.

Für 4 Personen
2 Frühlingszwiebeln
260 g Flammkuchenteig (ausgerollt, aus dem Kühlregal)
4 EL Crème fraîche
Salz
schwarzer Pfeffer, grob gemahlen
8 Scheiben Parmaschinken
1 Handvoll schwarze Oliven, entsteint und halbiert
2 EL Bohnenkrautblätter

Vorbereitung: 20 Min.
Grillzeit: 8 Min.

1. Den Grill mit einem Pizzastein bei indirekter Hitze (das ist wichtig, sonst verbrennt der Teig von unten, s. S. 11) auf 250–300 °C vorheizen.

2. Die Frühlingszwiebeln putzen, waschen und mit dem Grün in dünne Ringe schneiden. Den Teig in vier Stücke schneiden und diese jeweils noch etwas ausrollen. Mit der Crème fraîche bestreichen und mit Salz und reichlich Pfeffer bestreuen.

3. Jeden Flammkuchen mit 2 Scheiben Parmaschinken belegen. Oliven, Frühlingszwiebelringe und Bohnenkraut darauf verteilen. Je zwei Flammkuchen auf dem vorgeheizten Pizzastein mit geschlossenem Deckel jeweils 3–4 Minuten backen. Sofort servieren.

 **250 – 300 °C**

FLADENBROT

mit Hackfleisch und Pimientos

Fladenbrote sind eine tolle Abwechslung bei jedem Grillabend. Sie lassen sich sehr gut vorbereiten und können als Zwischengang, aber auch als Beilage serviert werden. Für diese Rezepte braucht man einen Grill mit Deckel.

Für 4 Personen
15 g Hefe
500 g Mehl
4 EL Olivenöl
Salz
400 g Rinderhackfleisch
schwarzer Pfeffer, grob gemahlen
1 EL Tomatenmark
16 Pimientos (Bratpaprika)

Vorbereitung: 25 Min.
Gehzeit: 1 ¼ Std.
Grillzeit: 12 Min.

1. Die Hefe zerbröckeln und in etwa 300 ml lauwarmem Wasser auflösen. Mehl, Öl und 1 TL Salz hinzufügen und alles zu einem festen Teig verkneten. Zugedeckt an einem warmen Ort etwa 1 Stunde gehen lassen.

2. Den Teig zu einer 2 cm dicken Rolle formen. Die Rolle in 2 cm dünne Scheiben schneiden und diese zu kleinen Kugeln formen. Zugedeckt weitere 10–15 Minuten gehen lassen.

3. Den Grill mit einem Pizzastein bei indirekter Hitze (das ist wichtig, sonst verbrennt der Teig von unten) auf 250–300 °C vorheizen.

4. Das Rinderhackfleisch mit 2 TL Salz, 1 TL Pfeffer und dem Tomatenmark vermischen. Jede Teig-kugel mit dem Nudelholz zu einem ovalen Fladen ausrollen, zuerst mit der Hackfleischmasse, dann mit den Pimientos belegen. Die Fladenbrote auf dem vorgeheizten Pizzastein mit geschlossenem Deckel 10–12 Minuten backen (Rezeptfoto s. S. 63).

250 – 300 °C

FLADENBROT

mit Tomate, Basilikum und Knoblauch

Für 4 Personen
15 g Hefe
500 g Mehl
6 EL Olivenöl
Salz
4 Tomaten (am besten rote und gelbe)
2 Knoblauchzehen
8 Basilikumblätter
1 EL weißer Balsamico-Essig
schwarzer Pfeffer, grob gemahlen

Vorbereitung: 25 Min.
Gehzeit: 1 ¼ Std.
Grillzeit: 12 Min.

1. Die Hefe zerbröckeln und in etwa 300 ml lauwarmem Wasser auflösen. Mehl, 4 EL Öl und 1 TL Salz hinzufügen und alles zu einem festen Teig verkneten. An einem warmen Ort zugedeckt etwa 1 Stunde gehen lassen.

2. Den Teig zu einer 2 cm dicken Rolle formen. Die Rolle in 2 cm dünne Scheiben schneiden und diese zu kleinen Kugeln formen. Zugedeckt weitere 10–15 Minuten gehen lassen.

3. Den Grill mit einem Pizzastein bei indirekter Hitze (das ist wichtig, sonst verbrennt der Teig von unten) auf 250–300 °C vorheizen.

4. Die Tomaten waschen, vierteln, vom Stielansatz und den Kernen befreien und in kleine Würfel schneiden. Den Knoblauch schälen und fein hacken, das Basilikum in feine Streifen schneiden. Die Tomatenwürfel mit Knoblauch und Basilikum vermischen und mit den restlichen 2 EL Öl und dem Essig vermischen. Mit Salz und Pfeffer würzen.

5. Jede Teigkugel mit dem Nudelholz zu einem ovalen Fladen ausrollen. Die Fladenbrote auf dem vorgeheizten Pizzastein mit geschlossenem Deckel 10–12 Minuten backen. Zum Servieren mit der Tomatenmischung belegen (Rezeptfoto s. S. 63). Sie können die Fladenbrote auch als Beilage reichen, schauen Sie mal auf S. 228. Sie passen sehr gut zu Garnelen und Fisch oder zur Wutze Wampe (s. S. 141).

250 – 300 °C

FLADENBROT

mit Käse und Birnen

Für 4 Personen
15 g Hefe
500 g Mehl
4 EL Olivenöl
Salz
400 g Blauschimmelkäse
2 Birnen
2 EL Thymianblättchen

Vorbereitung: 25 Min.
Gehzeit: 1 ¼ Std.
Grillzeit: 12 Min.

1. Die Hefe zerbröckeln und in etwa 300 ml lauwarmem Wasser auflösen. Mehl, Öl und 1 TL Salz hinzufügen und alles zu einem festen Teig verkneten. Zugedeckt an einem warmen Ort etwa 1 Stunde gehen lassen.

2. Den Teig zu einer 2 cm dicken Rolle formen. Die Rolle in 2 cm dünne Scheiben schneiden und diese zu kleinen Kugeln formen. Zugedeckt weitere 10–15 Minuten gehen lassen.

3. Den Grill mit einem Pizzastein bei indirekter Hitze (das ist wichtig, sonst verbrennt der Teig von unten) auf 250–300 °C vorheizen.

4. Den Käse in feine Scheiben schneiden. Die Birnen waschen, vom Kerngehäuse befreien und ebenfalls in dünne Scheiben schneiden.

5. Jede Teigkugel mit dem Nudelholz zu einem ovalen Fladen ausrollen, zuerst mit Käsescheiben, dann mit Birnenscheiben belegen und mit dem Thymian bestreuen. Die Fladenbrote auf dem vorgeheizten Pizzastein mit geschlossenem Deckel 10–12 Minuten backen. Diese pikanten Fladenbrote schmecken auch gut zu Reh (s. S. 198 und 202) oder Pulled Pork (s. S. 142).

WER NOCH EIN PAAR KRÄUTERSEITLINGE ZUR HAND HAT, KANN DIESE IN SCHEIBEN GESCHNITTEN NOCH ZUSÄTZLICH AUF DIE FLADENBROTE GEBEN.

 250 – 300 °C

PIZZASCHNECKEN

Eine wirklich schnell gemachte Vorspeise oder Beilage. Ich scheue mich nicht davor – wenn es praktisch ist –, auch Halbfertigprodukte wie Pizzateig zu verwenden. Vorausgesetzt, er entspricht meinen Qualitätsansprüchen. Wir haben immer Pizza- oder Blätterteig im Kühlschrank, da ja häufig unverhofft Besuch kommt und man dann im Handumdrehen etwas zaubern kann.

Für 8 Stück
1 Rolle Pizzateig (aus dem Kühlregal)
10 getrocknete Tomaten
2 Knoblauchzehen
3–4 Frühlingszwiebeln
1 Handvoll Basilikumblätter
Salz
schwarzer Pfeffer, grob gemahlen

Vorbereitung: 10 Min.
Grillzeit: 15 Min.

1. Den Teig auf der Arbeitsfläche ausrollen. Die getrockneten Tomaten in feine Streifen schneiden. Knoblauch schälen und hacken. Frühlingszwiebeln putzen, waschen und samt Grün in dünne Ringe schneiden. Basilikum waschen und trocken tupfen.

2. Den Pizzateig mit Tomaten, Knoblauch und Frühlingszwiebelringen belegen und die Basilikumblätter darauf verteilen. Mit Salz und Pfeffer bestreuen. Den belegten Teig so drehen, dass die lange Seite vor Ihnen liegt. Den Teig von einer Längsseite her aufrollen und die Rolle quer in acht gleich große Scheiben schneiden.

3. Die Schnecken aufrecht nebeneinander in einen feuerfesten Bräter oder auf ein Räucherbrett stellen und bei indirekter Hitze (200 °C) mit geschlossenem Deckel etwa 15 Minuten backen, bis sie schön braun und knusprig sind.

DAS REZEPT FUNKTIONIERT GENAUSO MIT BLÄTTERTEIG. AUCH BEI DER FÜLLUNG SIND IHRER KREATIVITÄT KEINE GRENZEN GESETZT. WÄHLEN SIE DIE ZUTATEN NACH SAISON: IM FRÜHLING UND SOMMER EHER MEDITERRAN LEICHT WIE HIER IM REZEPT, IM HERBST UND WINTER MAL DEFTIG MIT SCHIMMELKÄSE, BIRNEN ODER AUCH TROCKENFRÜCHTEN.

 200 °C | Bräter oder

TAPAS VOM GRILL

Ich habe vor einigen Jahren Spanien bereist und dabei in mehreren Regionen ganz unterschiedliche Tapas probiert. Seitdem gibt es sie bei mir regelmäßig. Für noch mehr Auswahl reichen Sie eine selbstgemachte Guacamole dazu, das passt immer.

Für 4 Personen
250 g Maismehl
1 TL Backpulver
Salz
2 Eier
500 g Buttermilch
Öl für die Plancha
8 dünne Scheiben Aubergine
1 Zwiebel
6 Stauden Chicorée
1 Chorizo
12 Scheiben geräucherter Bauernspeck
300 g saure Sahne
2 EL fein gehackte Minzeblätter
1 EL indisches Currypulver
schwarzer Pfeffer, grob gemahlen
4 EL Tomaten-Schafskäse-Creme (s. S. 163)
4 EL Beeren-Chutney (s. S. 109)
100 g Cheddar

Vorbereitung: 45 Min.
Grillzeit: 30 Min.

1. Die Plancha bei direkter Hitze (200–250 °C) vorheizen. Das Maismehl mit Backpulver und 1 TL Salz vermischen. Die Eier mit der Buttermilch verquirlen und unter die Mehlmischung rühren. Den Teig etwa 10 Minuten ruhen lassen. Dann zu kleinen Kugeln formen. Die Plancha einölen und die Teigkugeln nach und nach darauflegen, flach drücken und auf jeder Seite 4–5 Minuten knusprig grillen.

2. Die Auberginenscheiben gut salzen und 5–10 Minuten Wasser ziehen lassen. Die Zwiebel schälen und in feine Ringe schneiden. Die Auberginen mit Küchenpapier trocken tupfen und auf dem Rost auf jeder Seite 2–3 Minuten grillen. Parallel die Zwiebeln auf der Plancha grillen.

3. Chicorée waschen, längs halbieren und die Schnittflächen salzen. Auf der Plancha auf den Schnittflächen 3–4 Minuten grillen. Chorizo in 3–5 mm dünne Scheiben schneiden und mit Speck auf der Plancha auf jeder Seite 2–3 Minuten knusprig grillen. Die gegrillten Tapas auf kleine Teller setzen.

4. Die saure Sahne auf zwei Schüsseln verteilen. In eine Portion die Minze, in die andere Portion das Currypulver einrühren. Beide Dips mit Salz und Pfeffer abschmecken. Tomaten-Schafskäse-Creme und Beeren-Chutney jeweils in eine kleine Schale füllen. Den Cheddar in Scheiben schneiden und ebenfalls in eine Schüssel geben. Alle Speisen auf den gedeckten Tisch stellen und die Tapas in gemütlicher Runde zu einem Glas Wein genießen.

 **200 – 250 °C**

VEGGIES

KRÄUTERSEITLINGE
mit Knoblauch, Zimt und Sternanis

Ich liebe Pilze und bereite sie in den unterschiedlichsten Variationen zu. Besonders gern mag ich Pilze in Verbindung mit winterlich-weihnachtlichen Gewürzen wie zum Beispiel Zimt oder Anis.

Für 4 Personen
800 g Kräuterseitlinge
2 Knoblauchzehen
4 EL Olivenöl
1 TL fein gehackte Rosmarinnadeln
1 TL gehackter Salbei
1 Zimtstange
1 Sternanis
Salz
schwarzer Pfeffer, grob gemahlen
Bauernbrot zum Servieren (nach Belieben)

Vorbereitung: 10 Min.
Marinierzeit: 15 Min.
Grillzeit: 8 Min.

1. Die Plancha bei direkter Hitze (250 °C) vorheizen. Die Pilze putzen, trocken abreiben und in etwa 0,5 cm dünne Scheiben schneiden. Den Knoblauch schälen und in dünne Scheiben schneiden.

2. Das Öl mit Knoblauch, Rosmarin, Salbei, Zimt und Sternanis in einer Schüssel vermischen. Die Pilzscheiben dazugeben, vorsichtig unter das Würzöl rühren und 15 Minuten marinieren.

3. Die marinierten Pilze auf der vorgeheizten Plancha verteilen und unter Wenden 5–8 Minuten grillen. Mit Salz und Pfeffer abschmecken und nach Belieben auf angegrilltem Bauernbrot servieren.

AUCH HIER IST IHRER KREATIVITÄT KEINE GRENZE GESETZT! VERSUCHEN SIE DAS REZEPT DOCH EINMAL MIT SHIITAKE-PILZEN ODER BRAUNEN CHAMPIGNONS. GEBEN SIE DEM GANZEN NOCH EINEN EXTRA-KICK MIT EINEM HAUCH CHILI ODER VANILLE.

 **250 °C**

KOHLRABI
mit Zitronendressing und Kresse

Der Kohlrabi schmeckt als kleine Vorspeise oder einfach zu einem Glas Wein. Ich stelle den Teller in die Mitte des Tisches und alle bedienen sich.

Für 4 Personen
1 Kohlrabi
2 EL Olivenöl
1 EL Bio-Zitronenzesten
2 EL Kresse
grobes Meersalz
bunter Pfeffer, grob gemahlen

Vorbereitung: 5 Min.
Grillzeit: 6 Min.

1. Den Kohlrabi schälen und in etwa 0,5 cm dünne Scheiben schneiden. Auf dem Rost bei direkter Hitze (250–300 °C) auf jeder Seite etwa 3 Minuten grillen. Vom Rost nehmen und auf einem Teller leicht überlappend auslegen.

2. Das Öl über die Kohlrabischeiben träufeln. Mit den Zitronenzesten und der Kresse bestreuen und mit Salz würzen. Zuletzt den Kohlrabi mit Pfeffer bestreuen und servieren.

ANSTELLE VON KOHLRABI KÖNNEN SIE AUF DIESE WEISE AUCH EINEN KLASSISCHEN BIERRETTICH ZUBEREITEN. DANN WÜRDE ICH EMPFEHLEN, DIE KRESSE GEGEN 1–2 FEIN GEHACKTE FRÜHLINGS-ZWIEBELN AUSZUTAUSCHEN.

 250–300 °C

GEFÜLLTE GRILLTOMATEN

mit Schwarzkirschbalsam

Grilltomaten gibt es zwar schon in tausend Variationen, aber mir ist noch eine eingefallen! Dieses Rezept eignet sich als Beilage ebenso wie als vegetarische Hauptspeise.

Für 4 Personen
4 Ochsenherztomaten
2 gelbe Paprikaschoten
3 Frühlingszwiebeln (nur das Grün)
4 EL Schwarzkirsch-Balsamico-Essig
(oder Beeren-Balsamico-Essig)
1 EL fein gehackte Rosmarinnadeln
Salz
Langpfeffer, grob gemahlen
80 g Cheddar

Vorbereitung: 15 Min.
Grillzeit: 10 Min.

1. Die Tomaten waschen. Jeweils auf der Seite mit dem Stielansatz einen Deckel abschneiden und die Tomaten aushöhlen. Die Paprikaschoten längs halbieren, entkernen, waschen und in kleine Würfel schneiden. Das Grün der Frühlingszwiebeln in dünne Ringe schneiden.

2. Paprikawürfel und Frühlingszwiebelringe mit Schwarzkirschbalsam und Rosmarin gut mischen. Mit Salz und Langpfeffer abschmecken.

3. Die Gemüsemischung in die Tomaten füllen und großzügig Käse darüberreiben. Die Tomaten auf die Räucherbretter setzen und bei indirekter Hitze (200–250 °C) mit geschlossenem Deckel etwa 10 Minuten grillen. Wozu die Grilltomaten passen, erfahren Sie auf S. 228.

DEN SCHWARZKIRSCH-BALSAMICO-ESSIG HAT MIR EIN FREUND MAL MITGEBRACHT. DIESER HERRLICH DUNKLE UND AROMATISCHE BALSAMICO-ESSIG AUS DEM HOLZ- FASS HARMONIERT WUNDERBAR MIT TOMATEN, ABER AUCH MIT KÄSE UND FRÜCHTEN. MITTLERWEILE BEKOMMT MAN IHN IM GUT SORTIERTEN FEINKOSTHANDEL, ABER NATÜR- LICH KÖNNEN SIE ERSATZWEISE AUCH EINEN GEREIFTEN BALSAMICO-ESSIG VERWENDEN.

 200–250 °C | 2 x  **Zedernholz**

ROTE BETE

mit Pfifferlingen und Rosmarin

Rote Bete hat sich zu einem meiner Lieblingsgemüse vom Grill gemausert. Ich hatte ein regelrechtes Kindheitstrauma, da mir – wie vielen anderen Kindern auch – das Gemüse ob seines großen Gesundheitswerts öfter aufgezwungen wurde. Mittlerweile hab ich mich mit der roten Knolle versöhnt und kreiere immer wieder wirklich spannende Rezepte damit. Da Rote Bete in guter Qualität vorgegart rund ums Jahr erhältlich ist, zählt sie für mich auch im Sommer zu den wichtigsten Lebensmitteln.

Für 4 Personen
2 Knoblauchzehen
2 Frühlingszwiebeln
10–12 große Pfifferlinge
2 EL feines Olivenöl
8 große Scheiben vorgegarte Rote Bete
(5–8 mm dünn)
3 Zweige Rosmarin, in Stücke geschnitten
Salz
schwarzer Pfeffer, grob gemahlen

Vorbereitung: 10 Min.
Grillzeit: 6 Min.

1. Die Plancha bei direkter Hitze (250–300 °C) vorheizen. Den Knoblauch schälen und in Scheiben schneiden. Die Frühlingszwiebeln putzen, waschen und in dünne Ringe schneiden. Die Pfifferlinge putzen und der Länge nach halbieren.

2. Das Öl auf die vorgeheizte Plancha geben, die Rote-Bete-Scheiben darauflegen und 3 Minuten grillen. Die Rote Bete wenden, Knoblauch, Frühlingszwiebeln, Pfifferlinge und Rosmarin dazulegen und alles unter Wenden 3 Minuten mitgrillen.

3. Die Rote Bete auf einem Teller verteilen und mit Pfifferlingen, Knoblauch und Frühlingszwiebeln belegen. Alles mit Salz und Pfeffer abschmecken und mit dem Rosmarin garnieren. Die Rote-Bete-Scheiben machen sich prima zu Rind, Wild, Lamm oder Ente – Ideen für gelungene Kombinationen finden Sie auf S. 228.

🍳 **250–300 °C**

MEDITERRANES GEMÜSE

Ein einfaches Rezept, das aber immer große Aufmerksamkeit erregt.
Allein die Farben des gegrillten Gemüses sind ein wahrer Augenschmaus!
Das Gemüse schmeckt als vegetarische Hauptspeise und passt genauso als
Beilage zu Fisch- und Fleischgerichten.

Für 4 Personen
1 rote Paprikaschote
1 orangefarbene Paprikaschote
1 große Zwiebel
2 Knoblauchzehen
5 grüne Spargelstangen
1 Zucchini
4 EL Olivenöl
1 Zweig Rosmarin
3–4 Zweige Thymian
Salz
schwarzer Pfeffer, grob gemahlen
100 g Feta (Schafskäse)

Vorbereitung: 15 Min.
Grillzeit: 10 Min.

1. Die Plancha bei direkter Hitze (250 °C) vorheizen. Die Paprikaschoten längs halbieren, entkernen und waschen. Zwiebel und Knoblauch schälen. Den Spargel waschen, die holzigen Enden entfernen und die Stangen, falls nötig, im unteren Drittel schälen. Die Zucchini putzen und waschen. Alle Gemüse in mundgerechte Stücke, den Knoblauch in Scheiben schneiden.

2. Das Gemüse in eine Schüssel geben, das Öl dazugeben und gut untermischen. Die Kräuter waschen und trocken tupfen, die Nadeln beziehungsweise Blätter abzupfen.

3. Das Gemüse auf der vorgeheizten Plancha verteilen und unter Wenden 10 Minuten grillen, bis das Gemüse gar, aber noch bissfest ist.

4. Das Gemüse mit Kräutern, Salz und Pfeffer würzen und den Feta kurz vor dem Servieren in Stücken darauf verteilen. Das Gemüse auf einer Platte anrichten und servieren. Das mediterrane Gemüse passt zu sehr vielen Gerichten vom Grill, ich mache es zum Beispiel zu Garnelen oder zum Wolfsbarsch (s. S. 112), es schmeckt aber auch zu Geflügel – weitere Ideen finden Sie auf S. 228.

 **250 °C**

VEGGIE-WRAP

mit Pumpernickel, Bohnen, Sprossen und Käse

Vegetarisch einfach, aber modern im Wrap serviert. Dieses Gericht
wird mit Sicherheit den einen oder anderen Fleischfreund davon überzeugen,
dass es auch mal »ohne« geht!

Für 8 Stück
150 g Champignons
4 Scheiben Pumpernickel
6 EL Kidney-Bohnen (aus der Dose,
abgespült und abgetropft)
1 EL fein gehackte Rosmarinnadeln
4 Tortillafladen (Fertigprodukt)
4 EL Sprossen (z. B. Rote Bete und Radieschen)
4 EL geriebener Cheddar
1 TL grobes Meersalz
schwarzer Pfeffer, grob gemahlen

Vorbereitung: 10 Min.
Grillzeit: 16 Min.

1. Die Plancha bei direkter Hitze (250–300 °C)
vorheizen. Die Champignons in Scheiben
schneiden, die Pumpernickel in Streifen. Beides
auf der Plancha 8–10 Minuten grillen. Dann die
Kidney-Bohnen und den Rosmarin untermischen
und nur kurz erwärmen.

2. Die Tortillafladen auf die Arbeitsfläche legen.
Champignons, Pumpernickel und Bohnen in der
Mitte der Fladen in einer Linie verteilen. Die
Sprossen daraufgeben, mit je 1 EL geriebenem
Cheddar bestreuen und mit Salz und Pfeffer
würzen.

3. Die Tortillafladen zu Wraps aufrollen und mit
je einem gewässerten Holzspieß fixieren. Auf dem
Rost bei direkter Hitze (250–300 °C) rundherum
5–6 Minuten knusprig angrillen. Die Spieße entfernen, die Wraps vorsichtig in der Mitte quer
durchschneiden und als Fingerfood servieren.

250–300 °C

ZWIEBELN

mit Ziegenkäse, Portwein und Rosmarin

Ein einfaches, aber sehr leckeres Rezept. Die Zwiebeln können Sie als Vorspeise, Zwischengang oder als vegetarische Hauptspeise servieren.

Für 4 Personen
2 große rote Zwiebeln
80 ml Portwein
4 Scheiben Ziegenweichkäse (à etwa 25 g)
grobes Meersalz
schwarzer Pfeffer, grob gemahlen
1 EL fein gehackte Rosmarinnadeln
Weißbrot zum Servieren (nach Belieben)

Vorbereitung: 10 Min.
Grillzeit: 55 Min.

1. Die Zwiebeln mit der Schale quer halbieren und die Schnittflächen auf dem Rost bei direkter Hitze (300 °C) 4 Minuten grillen, damit Röstaromen entstehen.

2. An der halbrunden Seite der Zwiebelhälften jeweils eine kleine Scheibe abschneiden, sodass eine gerade Fläche entsteht. Die Zwiebelhälften wenden und mit dieser Seite nach unten auf das Räucherbrett setzen. Die angerösteten Schnittflächen mit etwas Portwein beträufeln.

3. Die Zwiebeln auf dem Räucherbrett bei indirekter Hitze (160–180 °C) mit geschlossenem Deckel 35–40 Minuten grillen. Nochmals mit etwas Portwein beträufeln und je 1 Scheibe Ziegenkäse auf jede Zwiebelhälfte setzen. Den Grilldeckel wieder schließen und die Zwiebeln etwa 10 Minuten grillen, bis der Käse geschmolzen ist (die Zeit hängt vom Reifegrad des Käses ab).

4. Zum Servieren die Zwiebeln mit Salz, Pfeffer und dem gehackten Rosmarin bestreuen. Nach Belieben mit Weißbrot servieren.

 300 °C + **160–180 °C**

CAMEMBERT

mit Trauben und Nüssen

Ein tolles Rezept, bei dem viele Varianten möglich sind: Ich grille mal herbstlich mit Trauben und Nüssen, mal sommerlich mit Aprikosen oder mal winterlich mit getrockneten Pflaumen und Zimt. Hier zeige ich Ihnen die Herbstvariante. Ein besonderer Bestandteil des Rezepts ist ein Traubendicksaft, den mir mein Freund, der »Ölflüsterer«, aus seiner Heimat Griechenland mitgebracht hat. Als Alternative eignet sich auch Traubensirup.

Für 4 Personen
8 EL blaue kernlose Trauben
4 EL Traubendicksaft
4 EL Walnusskerne, grob gehackt
schwarzer Pfeffer, grob gemahlen
4 kleine reife Camemberts
(am besten in einer Spanschachtel)

Vorbereitung: 5 Min.
Grillzeit: 10 Min.

1. Die Trauben waschen, trocken tupfen, halbieren und in eine Schüssel geben. Traubendicksaft, gehackte Walnüsse und 2 TL Pfeffer dazugeben und alles gut vermischen. Die Camemberts in den Spanschachteln auf das Räucherbrett stellen und die Traubenmischung auf dem Käse verteilen.

2. Die Camemberts auf dem Räucherbrett bei indirekter Hitze (180–200 °C) mit geschlossenem Deckel grillen, bis der Käse zu schmelzen beginnt. Das kann je nach Reifegrad des Käses zwischen 5 und 10 Minuten dauern.

AM BESTEN SERVIEREN SIE DEN KÄSE DIREKT IN DER SPANSCHACHTEL AUF DEM RÄUCHERBRETT. DAS SIEHT TOLL AUS UND DIE GÄSTE KÖNNEN DEN WARMEN KÄSE MIT DEN FRÜCHTEN DIREKT AUS DER SCHACHTEL LÖFFELN. EIN WUNDERBARER GENUSS!

 180–200 °C

AUS FLUSS, MEER & SEE

Toms Austern
mit Speck und Essiggurken

Austern sind für mich ein schönes und ehrliches Lebensmittel. Die Auster hat zu Unrecht den Ruf eines Luxusessens. Sie ist günstiger, als viele denken, und mit wenig Aufwand kann man aus ihr eine tolle Vorspeise zaubern. Ich liebe den Geschmack von Meer und Fisch. Einzig die Konsistenz macht mir hin und wieder zu schaffen. Darum tüftle ich immer an neuen Rezepten, um die Auster einem breiten Publikum schmackhaft zu machen.

Für 4 Personen
4 TL Räucherspeckwürfel
2 EL angewärmtes Olivenöl
1–2 kleine Essiggurken
4 Austern (in der Schale)

Vorbereitung: 5 Min.
Grillzeit: 6 Min.

1. Die Plancha bei direkter Hitze (250 °C) vorheizen. Die Speckwürfel daraufgeben und 2–3 Minuten knusprig grillen. Herunternehmen und im Öl warm halten.

2. Die Essiggurken quer in dünne Scheiben schneiden. Die Austern auf dem Rost bei direkter Hitze (150–200 °C) erwärmen. Nach 2–3 Minuten die obere Schale öffnen und abnehmen, das sollte nun problemlos gehen.

3. Die Speckwürfel auf den Austern verteilen, das Ganze mit etwas warmem Öl beträufeln und mit den Essiggurkenscheiben garnieren. Sofort genießen.

Bei diesem Foto habe ich zur Deko Queller (Salicornia) – auch Meeresspargel genannt – verwendet. Er wird bei uns gerne im Fischfachhandel angeboten und schmeckt nach Salz und leicht nach Spargel. Ich schneide dieses Meeresgemüse in ganz feine Scheiben und gebe es in die Austern. Er harmoniert wunderbar mit der Auster, dem Speck und der Essiggurke.

 150–250 °C

JAKOBSMUSCHELN
auf Blutwurst und Apfel

Muscheln und Blutwurst passen nur auf den ersten Blick nicht zusammen. In meinen Augen wird Blutwurst generell total unterschätzt. Ich kombiniere Fisch beziehungsweise Meeresfrüchte und Blutwurst liebend gern. Wichtig ist eine weitere Komponente, die dem Ganzen noch mehr Pfiff gibt: die Minze! Blutwurst und Minze kenne ich aus der englischen Küche, und ich finde Fisch oder Muscheln und Apfel dazu einfach unschlagbar. Probieren Sie's!

Für 4 Personen
1 Handvoll Minzeblätter
2 EL Olivenöl
4 Jakobsmuscheln (ohne Schale und Rogen)
1–1½ TL brauner Zucker
4 Scheiben Blutwurst (etwa 1 cm dick)
4 Scheiben Apfel (etwa 0,5 cm dünn)
1 TL grobes Meersalz oder Salzflocken
Kresse und Minze zum Garnieren

Vorbereitung: 10 Min.
Grillzeit: 6 Min.

1. Die Plancha bei direkter Hitze (250–300 °C) vorheizen. Die Minzeblätter fein hacken und mit dem Öl mischen.

2. Die Jakobsmuscheln waschen und trocken tupfen. Auf jeder Seite mit Zucker bestreuen, auf die vorgeheizte Plancha legen und auf jeder Seite 2 Minuten grillen. Die Blutwurst- und Apfelscheiben danebenlegen und auf jeder Seite höchstens 1 Minute grillen.

3. Die Apfelscheiben jeweils auf kleine Teller legen und mit der Minze-Öl-Mischung beträufeln. Jeweils 1 Scheibe Blutwurst daraufsetzen und 1 Jakobsmuschel auf die Blutwurst legen. Mit Meersalz oder Salzflocken würzen und mit der Kresse und Minze garnieren. Sofort servieren.

 **250–300 °C**

GEGRILLTE MUSCHELN
im Tortillafladen

Anfang 2016 war ich im beliebten Hamburger Viertel Sternschanze unterwegs. Dort entdeckte ich einen Laden, der sich auf Burritos und Tortillas spezialisiert hat. Ich war begeistert von der einfachen, aber doch raffinierten Art der Gerichte. Hier habe ich mir eine Version mit Muscheln und Gemüse ausgedacht.

Für 4 Personen
12 Green-Shell-Muscheln (siehe unten)
1 Pak Choi
1 rote Paprikaschote
4 EL Olivenöl
grobes Meersalz
grüner Pfeffer, grob gemahlen
Saft von 1 Bio-Limette
4 Tortillafladen (Fertigprodukt)

Vorbereitung: 15 Min.
Grillzeit: 10 Min.

1. Die Plancha bei direkter Hitze (250–300 °C) vorheizen. Die Muscheln waschen. Den Pak Choi putzen und waschen, die Paprikaschote längs halbieren, entkernen und waschen. Beide Gemüse in Streifen schneiden.

2. Das Öl auf die vorgeheizte Plancha geben. Die Muscheln aus der Schale lösen, auf der Plancha verteilen und unter Wenden 2–3 Minuten grillen. Das Gemüse danebenlegen und noch 2–3 Minuten mitgrillen. Alles mit Salz, Pfeffer und Limettensaft abschmecken.

3. Die Tortillafladen auf die Arbeitsfläche legen, je 3 Muscheln und ein Viertel des Gemüses daraufgeben. Die Fladen aufrollen und mit je einem gewässerten Holzspieß fixieren. Die Tortillas auf dem Rost bei direkter Hitze rundherum 3–4 Minuten grillen, bis sie etwas Farbe angenommen haben. Die Tortillas schräg halbieren und servieren.

DIE GREEN-SHELL-MUSCHEL IST EINE GROSSE MIESMUSCHELART UND SCHMECKT ÜBERBACKEN, AM SPIESS ODER – WIE HIER – IM TORTILLA-FLADEN. BEI UNS BEKOMMT MAN SIE MEIST TIEFGEFROREN, DIE MUSCHELN SIND DANN GEÖFFNET, WEIL SIE BEREITS AUF FRISCHE KONTROLLIERT WURDEN. BEI FRISCHER WARE UNBEDINGT DARAUF ACHTEN, DASS DIE SCHALEN GESCHLOSSEN SIND, OFFENE MUSCHELN WEGWERFEN. NACH DEM GAREN NOCH GESCHLOSSENE EBENFALLS AUSSORTIEREN.

 **250–300 °C**

PULPO TRIFFT TOMATE

Optisch und auch geschmacklich ein Highlight in der Sommerzeit.
Ein raffiniertes Gericht, mit dem man fast jeden begeistern kann.

Für 4 Personen
1 mittelgroßer Pulpo, gegart (siehe unten)
2 Knoblauchzehen
8 EL Olivenöl
2 Zweige Rosmarin
4 Zweige Thymian
1 kleine rote Chilischote
etwa 300 g Dattel- oder Kirschtomaten
1 Bund Basilikum
1 Bio-Zitrone oder Bio-Limette,
in dünne Spalten geschnitten
Salz
schwarzer Pfeffer, grob gemahlen
Olivenöl zum Beträufeln (nach Belieben)

Vorbereitung: 20 Min.
Marinierzeit: 1 Std.
Grillzeit: 10 Min.

1. Den Pulpo waschen, die Tentakel abtrennen und in Stücke schneiden. Den Schnabel aus dem Kopfteil entfernen und das Kopfteil ebenfalls in Stücke schneiden.

2. Den Knoblauch schälen und grob zerkleinern. Das Öl in einer Schüssel mit dem Knoblauch und den Kräuterzweigen mischen. Die Chilischote dazugeben und die Pulpostücke hinzufügen. Alle Zutaten gut mit der Marinade mischen und etwa 1 Stunde marinieren.

3. Die Plancha bei direkter Hitze (250–300 °C) vorheizen. Die Pulpostücke mit Öl, Kräuterzweigen und Chilischote auf die vorgeheizte Plancha legen und 8–10 Minuten rundherum scharf angrillen, bis die Pulpostücke Farbe angenommen haben.

4. Die Tomaten waschen und halbieren, das Basilikum waschen und trocken schütteln, die Blätter abzupfen. Die Pulpostücke auf der Plancha mit den Tomaten und dem Basilikum vermischen. Die Zitronen- oder Limettenspalten dazulegen. Alles mit Salz und Pfeffer würzen, nach Belieben noch mit etwas Öl beträufeln und servieren (Rezeptfoto s. S. 227 unten Mitte).

PULPO KÖNNEN SIE AUCH BEIM FISCHHÄNDLER DES VERTRAUENS GEGART KAUFEN. ICH VERWENDE GERN EINEN FRISCHEN PULPO MIT 1,5–2 KG GEWICHT. DEN GARE ICH IN LEICHT KÖCHELNDEM WASSER MIT 1 GEVIERTELTEN FENCHELKNOLLE, 1 GESCHÄLTEN MÖHRE UND 2–3 TL SALZ. DAS DAUERT 1–1 ½ STUNDEN.

 **250–300 °C**

GARNELEN
mit Basilikum-Rucola-Butter

Garnelen grille ich besonders im Sommer sehr gern. Dabei achte ich immer darauf, dass ich eine Spitzenqualität aus nachhaltiger Aufzucht bekomme. Ich habe das große Glück, einen Fischhändler in der Nähe zu wissen, der selbst auf Aufzucht, Herkunft und Nachhaltigkeit achtet.

Für 4 Personen
2 Stängel Basilikum
3–4 zarte Rucolablätter
6 EL weiche Butter
Salz
schwarzer Pfeffer, grob gemahlen
4 Riesengarnelen (mit Kopf und Schale, ohne Darm)

Vorbereitung: 10 Min.
Grillzeit: 8 Min.

1. Das Basilikum waschen, trocken tupfen und die Blätter abzupfen. Den Rucola waschen und trocken tupfen. Beides sehr fein hacken und unter die weiche Butter arbeiten. Die Kräuterbutter mit Salz und Pfeffer abschmecken.

2. Die Garnelen waschen und trocken tupfen. Auf einer Seite mit etwas Kräuterbutter bestreichen und mit Salz bestreuen.

3. Die Garnelen mit der bestrichenen Seite nach unten auf den Rost legen und bei direkter Hitze (250–300 °C) 2–3 Minuten grillen. Wenden und weitere 4–5 Minuten grillen, dabei mit der restlichen Kräuterbutter bestreichen. Mit Pfeffer bestreuen und sofort servieren.

NACH BELIEBEN NOCH EIN PAAR LIMETTEN- ODER ZITRONEN-SCHEIBEN MITGRILLEN UND ZU DEN GARNELEN REICHEN.

 250–300 °C

LACHSSTEAKS
mit Orangenfenchel

Viele Menschen haben ein regelrechtes Fenchel-Trauma. Bei meinen Grill-seminaren zucken manche Teilnehmer zusammen, wenn sie Fenchel hören, denn sie verbinden damit ungeliebten Fencheltee aus Kindertagen. Aber das überaus leckere Gemüse hat damit wirklich nicht viel zu tun. Und spätestens, wenn die Teilnehmer den in Orangensaft und Butter gegarten Fenchel probiert haben, strahlen ihre Augen. Sie konnten sich einfach nicht vorstellen, wie gut Fenchelgemüse vor allem in der Kombination mit Fisch schmeckt.

Für 4 Personen
1 Lachsfilet mit Haut (etwa 600 g)
1 EL Palmzucker

Für den Orangenfenchel
4 Fenchelknollen
4 EL Butter
250 ml Orangensaft
2 Orangen
grobes Meersalz

Vorbereitung: 15 Min.
Marinierzeit: 30 Min.
Grillzeit: 10 Min. (Fenchel) |
4 Min. (Lachs)

1. Den Lachs waschen und trocken tupfen. In vier gleich große Stücke schneiden. Die Schnitt-flächen mit dem Palmzucker bestreuen und zugedeckt 30 Minuten einziehen lassen. Die Plancha bei direkter Hitze (250 °C) vorheizen.

2. Für den Orangenfenchel den Fenchel putzen, waschen und in dünne Scheiben schneiden. Die Butter im Grillwok erhitzen und den Fenchel dazugeben. Mit dem Orangensaft ablöschen und alles etwa 10 Minuten bissfest garen.

3. Inzwischen die Orangen mit dem Messer so schälen, dass auch die weiße Haut entfernt wird. Die Filets aus den Trennhäuten schneiden und unter den Fenchel heben. Das Gemüse mit etwas Meersalz abschmecken.

4. Die Lachsstücke auf die vorgeheizte Plancha legen und auf den Schnittflächen auf jeder Seite 2 Minuten grillen. Mit Meersalz würzen und mit dem Fenchelgemüse anrichten.

 250 °C

SAIBLING

mit Apfel und Wasabi

Ich grille sehr gern Fisch. Leider entsteht beim Vorbereiten und Zuschneiden viel Verschnitt, den ich natürlich nicht wegwerfen will. Klar, ich könnte eine Fischsauce kochen. Aber ich grille ja den Fisch an, da brauche ich keine Sauce. Darum mache ich aus den Abschnitten gern eine Art Ceviche. Und damit für alle genügend Ceviche da ist, nehme ich immer ein Filet mehr. Sehr wichtig ist dabei, dass der Fisch ganz frisch ist. Aber das versteht sich ja von selbst.

Für 4 Personen
5 frische Saiblingsfilets (mit Haut)
6 EL Olivenöl
Saft von ½ Zitrone
Meersalz
1 Apfel
1 EL Thymianblättchen
1 EL Wasabi-Paste
1 EL Crème fraîche
2 TL Schinkensalz (s. S. 18)
Olivenöl zum Servieren

Vorbereitung: 15 Min.
Marinierzeit: 15 Min.
Grillzeit: 4 Min.

1. Die Fischfilets waschen und trocken tupfen. Zuerst 1 Saiblingsfilet von der Haut schneiden und sehr fein würfeln. Die restlichen Saiblingsfilets quer halbieren. Öl und Zitronensaft gut verrühren und mit Meersalz würzen.

2. Den Apfel waschen, vierteln, vom Kerngehäuse befreien und in sehr feine Würfel schneiden. Mit den Fischwürfeln und den Thymianblättchen in die Öl-Zitronensaft-Mischung geben und alle Zutaten gut verrühren. Das Tatar mit etwas Meersalz abschmecken und 15 Minuten marinieren.

3. Die Plancha bei direkter Hitze (250–300 °C) vorheizen und einölen. Die halbierten Saiblingsfilets auf die Plancha legen und auf jeder Seite etwa 2 Minuten grillen.

4. Das Fischtatar auf Tellern anrichten. Wasabi und Crème fraîche vermischen, in eine Spritzflasche oder einen Spritzbeutel füllen und jeweils einem haselnussgroßen Tupfen neben das Tatar spritzen.

5. Je 2 gegrillte Saiblingsfilethälften auf das Tatar legen oder daneben anrichten. Mit dem Schinkensalz bestreuen und mit etwas Öl beträufeln.

 **250–300 °C**

WALLERFILET

mit Drillingen, Spargel und Bärlauch

Waller – bei uns Wels genannt – erlebt im Moment einen richtigen Boom. Durch die moderne Art der Haltung verliert der Fisch seinen in der Regel leicht modrigen Geschmack und wird so für ein breites Publikum zugänglich.

Für 4 Personen

16 kleine Kartoffeln (z.B. Drillinge)
4 Wallerfilets (à 150 g, mit Haut)
Meersalz
Zucker
10 Bärlauchblätter
5 EL Olivenöl
8 grüne Spargelstangen
schwarzer Pfeffer, grob gemahlen

Vorbereitung: 10 Min.
Grillzeit: 25 Min. (Kartoffeln) | 5 Min. (Spargel) | 6 Min. (Fisch)

1. Die Kartoffeln mit Schale waschen, trocken tupfen und auf dem Rost bei indirekter Hitze (250 °C) mit offenem Deckel 10–15 Minuten grillen.

2. Die Haut der Wallerfilets jeweils dreimal bis zum Fleisch vorsichtig einschneiden, damit die Filets beim Grillen die Form behalten. Die Fischfilets waschen, trocken tupfen und auf der Fleischseite leicht salzen und mit etwas Zucker bestreuen.

3. Die Bärlauchblätter waschen, trocken tupfen, in feine Streifen schneiden und mit dem Öl vermischen. Die Kartoffeln halbieren und auf dem Rost auf den Schnittflächen bei direkter Hitze (250–300 °C) weitere 10 Minuten grillen. Die Plancha ebenfalls bei direkter Hitze (250–300 °C) vorheizen.

4. Den Spargel waschen, die holzigen Enden abschneiden und die Stangen im unteren Drittel schälen. Auf dem Rost bei direkter Hitze (250–300 °C) unter Wenden 5 Minuten bissfest grillen. In mundgerechte Stücke schneiden und mit Kartoffeln und Bärlauchöl in einer Schüssel vermischen. Mit Salz und Pfeffer würzen.

5. Die Fischfilets mit der Hautseite auf die vorgeheizte Plancha legen und 3 Minuten grillen. Mithilfe eines Spachtels wenden und auf der Fleischseite ebenfalls 2–3 Minuten grillen. Die Fischfilets mit Kartoffeln und Gemüse anrichten und mit Salz und Pfeffer abschmecken.

 250 °C + 250–300 °C |

MARINIERTER THUNFISCH

Thunfisch-Tataki

Für dieses Rezept brauchen Sie Thunfisch in Sushi-Qualität – also absolut frische Ware! Wir machen hier die japanische Spezialität Tataki. Das heißt, wir marinieren den Fisch zuerst und grillen ihn dann bei starker Hitze auf jeder Seite nur 1 Minute, damit er im Kern roh bleibt.

Für 4 Personen

800 g sehr frisches Thunfischfilet
(Sushi-Qualität)
200 ml Sojasauce
2 Knoblauchzehen
1 daumengroßes Stück Ingwer
1 Chilischote
4 EL Honig
300 g Crème fraîche
2 EL Wasabi-Paste
Salz
Shiso-Kresse zum Garnieren

Vorbereitung: 15 Min.
Marinierzeit: 1 Std.
Grillzeit: 4 Min.

1. Das Thunfischfilet waschen, trocken tupfen und in vier Blöcke mit einer Kantenlänge von jeweils 3–4 cm schneiden.

2. Die Sojasauce in eine flache Schale geben. Den Knoblauch schälen und dazupressen. Den Ingwer schälen und fein dazureiben. Die Chilischote längs halbieren, entkernen, waschen und fein hacken. Mit dem Honig in die Marinade geben und alle Zutaten gut verrühren.

3. Die zugeschnittenen Thunfischfilets in die Marinade legen und mindestens 1 Stunde marinieren lassen, dabei ab und zu wenden.

4. Eine Plancha bei direkter Hitze (250–300 °C) vorheizen. Die Crème fraîche auf zwei Schüsseln verteilen. Eine Portion mit der Wasabi-Paste vermischen und mit etwas Salz abschmecken. Die zweite Portion mit 6 EL Marinade verrühren.

5. Die Thunfischfilets aus der Marinade nehmen und auf der vorgeheizten Plancha auf jeder Seite 1 Minute grillen. Quer in Stücke schneiden und mit der Wasabi-Creme und der Soja-Honig-Creme servieren. Mit etwas Shiso-Kresse garnieren.

 **250–300 °C**

Gebeizte und geräucherte
LACHSFORELLE

Lachs vom Grill ist immer eine tolle Sache. Egal, ob bei starker Hitze kurz-gebraten oder auf dem Räucherbrett bei mäßiger Temperatur sanft gegart – dieser Fisch steht bei den meisten Grillfans auf dem Menüplan für einen Grillabend. Ich liebe Lachs auch, finde aber Lachsforelle genauso gut. Das folgende Rezept ist eine abgewandelte Form des klassischen Räucherlachs, das jeder ambitionierte Griller problemlos daheim machen kann.

Für 4 Personen
8 Wacholderbeeren
8 Pimentkörner
2 EL getrocknete Rote-Bete-Chips
(aus dem Reformhaus)
2 TL schwarze Pfefferkörner
1 TL Selleriesamen
brauner Zucker
Meersalz
2 Lachsforellenfilets (à etwa 300 g)
2 Handvoll Räucherspäne

Vorbereitung: 15 Min.
Marinierzeit: 2 Tage
Räucherzeit: 45 Min.

1. Wacholderbeeren, Pimentkörner, Rote-Bete-Chips, Pfefferkörner und Selleriesamen im Mörser fein zerstoßen oder in der Küchenmaschine fein mahlen. Mit 8 EL Zucker und 4 EL Salz vermischen.

2. Zum Beizen die Fischfilets waschen und trocken tupfen. Die Haut abziehen und die Filets rundherum mit der Gewürzmischung einreiben. Die Fischfilets in Frischhaltefolie wickeln und im Kühlschrank 2 Tage ziehen lassen.

3. Den Grill auf 30–40 °C vorheizen (beim Kugelgrill wenig Kohle verwenden, beim Gasgrill nur einen Brenner auf kleinster Hitze, eventuell den Deckel einen Spalt offen lassen). Die Fischfilets aus der Frischhaltefolie wickeln, die Gewürzmischung grob entfernen und die Fischfilets mit Küchenpapier trocken tupfen.

4. Die Filets auf das Räucherbrettchen legen und bei indirekter Hitze mithilfe der Räucherspäne 40–45 Minuten mit geschlossenem Deckel räuchern. Dazu beim Holzkohlegrill die Räucherspäne direkt in die Glut legen, beim Gasgrill eine Räucherbox oder eine andere Räucherhilfe (siehe links) verwenden.

RÄUCHERBOXEN ODER SMOKING TUBES FÜR GASGRILLS GIBT ES IM GRILLFACHHANDEL. DIE GEFÄSSE EINFACH MIT RÄUCHERSPÄNEN FÜLLEN UND DIREKT AUF DIE BRENNSTÄBE LEGEN. SO KÖNNEN SIE AUCH IM GASGRILL EIN TOLLES RAUCHAROMA ERZEUGEN.

 30–40 °C

BEEREN-CHUTNEY

Passt wunderbar zur Lachsforelle, aber ebenso zu Wild.

Für etwa 300 g
100 g Brombeeren
100 g Heidelbeeren
1 EL Beeren-Balsamico-Essig
6 EL Cranberry-Konfitüre
½ TL Chiliflocken, Salz
schwarzer Pfeffer, grob gemahlen

Zubereitung: 15 Min.

1. Die Beeren verlesen, waschen, trocken tupfen und im Grillwok erhitzen.

2. Mit dem Essig ablöschen und die Cranberry-Konfitüre unterrühren. Die Chiliflocken untermischen und das Beeren-Chutney mit Salz und Pfeffer abschmecken.

GANZE FORELLE
mit Blutwurstfüllung

Fisch und Blutwurst sind nur auf den ersten Blick ein merkwürdiges Gespann. Aber eben nur auf den ersten Blick, denn die zwei harmonieren bestens. Dass ich diese Kombination liebe, wissen Sie bereits von den Jakobsmuscheln (s. S. 91). Mit diesem Rezept werden Sie auch Ihre – vielleicht anfangs skeptischen – Gäste überzeugen. Ich grille die Fische immer über der Feuerstelle im Garten. Das Rezept funktioniert aber auch auf jedem Grill mit direkter Hitze.

Für 4 Personen
4 kleine Forellen (à 300 – 400 g, ausgenommen)
Salz
5 Minzeblätter
150 g Blutwurst
Olivenöl

Vorbereitung: 20 Min.
Grillzeit: 16 Min.

1. Die Forellen innen und außen waschen und mit Küchenpapier trocken tupfen. Die Bauchräume mit je ½ TL Salz würzen.

2. Die Minzeblätter waschen, trocken tupfen, sehr fein hacken und mit 2 TL Salz vermischen. Die Blutwurst zunächst fein hacken, dann mit einer Gabel zu einer glatten Masse zerdrücken, eventuell mit etwas Öl verdünnen. Die Masse in einen Spritzbeutel füllen (oder in einen Gefrierbeutel geben, diesen oben zudrehen und unten eine kleine Ecke abschneiden).

3. Die Blutwurstmasse in den Bauchraum der Forellen spritzen, dann die Fische mehrmals mit gewässertem feuerfestem Küchengarn zubinden. Die Forellen auf dem Rost (über einem Grill oder einer Feuerstelle) bei direkter Hitze (250–300 °C) auf jeder Seite 6–8 Minuten grillen.

4. Zum Servieren das Küchengarn entfernen und die Forellen mit dem Minzesalz bestreuen. Zu den Forellen passt die Zitronen-Minze-Butter (s. S. 25) und etwas angegrilltes Bauernbrot. Ein paar mitgegrillte Zitronenscheiben machen sich auch nicht schlecht dazu.

 **250–300 °C**

WOLFSBARSCH

mit Kapernöl

Ein tolles Rezept für ein gelungenes Grillfest. Ich serviere den Wolfsbarsch so zubereitet auch gern als Vorspeise. Dann kommt er mit ein paar gegrillten Zitronenhälften auf eine Platte in die Mitte des Tisches und jeder kann sich selbst bedienen.

Für 4 Personen

1 Wolfsbarsch (etwa 2 kg, ausgenommen)
grobes Meersalz
1 Bio-Zitrone
1 Bund gemischte Kräuter (z. B. Basilikum, Kerbel, Koriandergrün)
150 ml Olivenöl
2 EL Kapern (aus der Salzlake)

Vorbereitung: 15 Min.
Grillzeit: 30 Min.

1. Den Wolfsbarsch innen und außen waschen und mit Küchenpapier trocken tupfen. Den Bauchraum mit etwas Salz würzen.

2. Die Zitrone heiß waschen, abtrocknen und in Scheiben schneiden. Die Kräuter waschen und trocken tupfen. Zitronenscheiben und Kräuter in den Bauchraum füllen und den Fisch mit gewässertem feuerfestem Küchengarn zubinden.

3. Den Wolfsbarsch bei direkter Hitze (250–300 °C) auf jeder Seite 12–15 Minuten grillen. Inzwischen das Öl mit den Kapern verrühren.

4. Den Fisch vom Grill nehmen und das Küchengarn entfernen. 2 Zitronenscheiben aus dem Bauchraum nehmen und den Saft in das Öl mit den Kapern pressen.

5. Mit einem scharfen Messer die Haut entlang der Kiemen und des Rückens einschneiden und die Haut entfernen. Das Fleisch mit einer Gabel von den Gräten zupfen, dann die ganze Karkasse entfernen. Die untere Hälfte ebenfalls mit einer Gabel von der Haut zupfen. Die Fischstücke auf Teller verteilen und mit dem Kapernöl beträufeln. Mit etwas Salz würzen. (Alternativ den Fisch im Ganzen mit dem Kapernöl servieren.) Beilagenempfehlungen finden Sie auf S. 228–229.

250–300 °C

Süßsauer marinierte
HÜHNERFLÜGEL

Ein Klassiker beim Kindergeburtstag, aber auch bei den Großen auf jeder Grill-party beliebt! Die mag eigentlich jeder – außer man isst generell kein Hähnchen. Es versteht sich von selbst, dass auch die Flügel von Bio-Hühnern stammen.

Für 5 Personen
4 EL Geflügelgewürz (s. S. 18)
2 EL Olivenöl
5 EL Tomatenketchup
1 EL brauner Zucker
3 EL Sojasauce
1 TL gemahlener Ingwer
¼ TL gemahlene Chili
100 ml Ananassaft
15 Hühnerflügel

Vorbereitung: 10 Min.
Marinierzeit: 3 Std.
Grillzeit: 25 Min.

1. Alle Zutaten außer den Hühnerflügeln in einen großen Gefrierbeutel geben und gut vermischen.

2. Die Hühnerflügel waschen und trocken tupfen. Zur Marinade in den Gefrierbeutel geben und die Marinade durch die Folie hindurch etwas in die Flügel einmassieren. Den Gefrierbeutel gut verschließen und die Hühnerflügel an einem kühlen Ort 2–3 Stunden marinieren.

3. Die Flügel aus dem Beutel nehmen und auf dem Rost bei indirekter Hitze (200–250 °C) mit geschlossenem Deckel 25 Minuten grillen, bis das Fleisch durchgegart ist.

DAMIT DIE MARINADE NOCH MEHR GESCHMACK ABGEBEN KANN, DIE HÜHNERFLÜGEL WÄHREND DES GRILLENS IMMER WIEDER MIT DER ÜBRIGEN MARINADE BEPINSELN.

 **200 – 250 °C**

GLASIERTE HÄHNCHENOBERKEULEN
BBQ-Style

Hier ist es, das Rezept für die Hähnchenoberkeulen, die übrig geblieben sind, als ich die Unterkeulen mit Crunch gemacht habe (s. S. 42). Ich grille die Oberkeulen im BBQ-Style mit Glasur. Und serviere sie gern auf indisch gewürztem Paprikagemüse, manchmal direkt nach den Unterkeulen mit Crunch.

Für 4 Personen
2 EL Honig
2 EL Ketchup
2 EL Rum
4 EL Apfelsaft
1 EL Limettensaft
2 EL Sojasauce
1 Knoblauchzehe
1 daumengroßes Stück Ingwer
6 EL Geflügelgewürz (s. S. 18)
8 Hähnchenoberkeulen

Vorbereitung: 15 Min.
Grillzeit: 35 Min.

1. Für die Marinade Honig, Ketchup, Rum, Apfelsaft, Limettensaft und Sojasauce in einer Schüssel verrühren. Den Knoblauch schälen und dazupressen. Den Ingwer schälen und fein dazureiben. 1 EL Geflügelgewürz gründlich unterrühren.

2. Die Hähnchenoberkeulen waschen und trocken tupfen. Rundherum mit dem übrigen Geflügelgewürz (5 EL) würzen. Die Keulen auf dem Rost verteilen und bei indirekter Hitze (250 °C) mit geschlossenem Deckel etwa 10 Minuten grillen. Dann mit der Marinade bestreichen und weitere 25 Minuten grillen. Während dieser Grillzeit noch zwei- bis dreimal mit der Marinade bestreichen.

 **250 °C**

 **BEILAGE** # INDISCHES PAPRIKAGEMÜSE

Für 4 Personen
3 grüne Paprikaschoten
1 kleine Zwiebel
je 1 TL gemahlene Kurkuma, gemahlener Kreuzkümmel, Koriander und Ingwer
je 1 TL Paprika-, Zimt- und Zwiebelpulver
schwarzer Pfeffer, grob gemahlen
Olivenöl zum Braten
1 Schuss Weißwein

Zubereitung: 15 Min.
Garzeit: 10 Min.

1. Die Paprika längs halbieren, entkernen, waschen und in feine Streifen schneiden. Die Zwiebel schälen und ebenfalls in feine Streifen schneiden. Die Gewürze samt Pfeffer gut vermischen.

2. Das Öl im Grillwok erhitzen und das Gemüse kurz darin anbraten. Mit dem Weißwein ablöschen und 10 Minuten garen, die Paprikastreifen sollen bissfest sein. Zum Schluss mit etwas Gewürzmischung abschmecken. Als Beilage zu den Hähnchenoberkeulen servieren. Wozu das Paprikagemüse sonst noch passt, lesen Sie auf S. 228.

HÄHNCHENBRUST
Asia-Style

Bei Hähnchenbrust ist es wichtig, dass man sehr genau auf die Kerntemperatur achtet. Sie sollte mindestens 68 °C betragen, denn das Fleisch muss durchgegart sein. Sie darf aber nicht über 70 °C liegen, sonst wäre das Ergebnis zu trocken. Hier ist ein Kerntemperaturmesser äußerst hilfreich.

Für 4 Personen:
4 Hähnchenbrustfilets
4 EL Geflügelgewürz (s. S. 18)
8 EL Sweet-Chili-Sauce

Vorbereitung: 5 Min.
Grillzeit: 43 Min.

1. Die Filets waschen, trocken tupfen und rundherum mit Gewürz einreiben. Auf den Rost legen und bei direkter Hitze (250–300 °C) auf jeder Seite 3–4 Minuten grillen, damit Röstaromen entstehen.

2. Nun in die indirekte Zone des Grills legen und bei 150 °C mit geschlossenem Deckel etwa 35 Minuten bis zu einer Kerntemperatur von 68 °C ziehen lassen. Währenddessen drei- bis viermal mit der Chili-Sauce glasieren.

 250–300 °C + 150 °C

BEILAGE

RETTICH-PAPRIKA-GEMÜSE
MIT ZITRONENGRAS UND TERIYAKI

Hier wird ein heimisches Gemüse – ein einfacher Bierrettich – in Kombination mit Zitronengras und Teriyaki-Sauce komplett neu interpretiert.

Für 4 Personen
2 EL Erdnussöl (oder Rapsöl)
1 Rettich, geputzt und in Stifte geschnitten
1 Stängel Zitronengras, geviertelt
1 rote Paprikaschote, in feine Streifen geschnitten
4 EL Teriyaki-Sauce (oder Sweet-Chili-Sauce)

Vorbereitung: 15 Min.
Grillzeit: 13 Min.

1. Das Öl im Grillwok erhitzen und den Rettich darin 2–3 Minuten schwenken. Zitronengras und Paprikastreifen dazugeben und etwa 5 Minuten mitdünsten. Mit der Teriyaki-Sauce ablöschen.

2. Das Gemüse unter Rühren in 5 Minuten weich garen. Das Zitronengras entfernen, das Gemüse zum Hähnchen – oder den Vorschlägen auf S. 228 – servieren.

SOMMERLICHES DOSENHÄHNCHEN

Das Hähnchen von der Dose ist ein Hingucker bei jedem Grillfest. Normalerweise setzt man das Hähnchen beim klassischen Rezept auf eine volle, geöffnete Bierdose und grillt dann bei indirekter Hitze. Das ist zweifellos ein tolles Rezept, aber mir fehlt da irgendwie die Raffinesse. Ich verwende deshalb keine Bierdose aus Aluminium, sondern eine leere Konservendose. Und das Bier habe ich gegen einen guten Weißwein ausgetauscht. Testen Sie dieses Rezept bei der nächsten Grillparty, Ihre Gäste werden begeistert sein.

Für 4 Personen

1 Bio-Poularde (etwa 1,5 kg, grillfertig)
2 EL Olivenöl
2 EL Geflügelgewürz (s. S. 18)
150 ml Weißwein
je 1 Zweig Salbei, Rosmarin und Thymian
1 Bio-Zitronenscheibe

Vorbereitung: 15 Min.
Grillzeit: 1 ½ Std.

1. Die Poularde innen und außen waschen und trocken tupfen. Von allen Seiten mit dem Öl bestreichen, dann haftet das Gewürz besser. Das eingeölte Hähnchen rundherum mit dem Geflügelgewürz einreiben.

2. Den Wein in eine kleine leere Konservendose füllen und die Kräuterzweige hineinstellen. Die Zitronenscheibe ebenfalls in die Dose geben.

3. Die Poularde mit dem Bauchraum über die Dose stülpen, dann auf dem Rost bei indirekter Hitze (200 °C) mit geschlossenem Deckel etwa 1 ½ Stunden grillen.

4. Die Poularde vom Grill nehmen und die Dose entfernen. Die Poularde in Stücke zerlegen und auf Teller verteilen. Ein paar gegrillte Maiskolben schmecken super dazu. Weitere Beilagenempfehlungen finden Sie auf S. 228–229.

200 °C

WINTERLICHES DOSENHÄHNCHEN

Eine winterliche Variante des Dosenhähnchens. Das Rezept bereite ich sehr gern in der kalten Jahreszeit zu und verwende dann winterlich-weihnachtliche Gewürze und Rot- oder Süßwein.

Für 4 Personen
1 Bio-Poularde (etwa 1,5 kg, grillfertig)
3 EL Olivenöl
3 EL Geflügelgewürz (s. S. 18)
1 EL Garam Masala (indische Gewürzmischung)
150 ml Rot- oder Süßwein
2 Zimtstangen
2 Sternanis
4 Gewürznelken

Vorbereitung: 15 Min.
Grillzeit: 1 ½ Std.

1. Die Poularde innen und außen waschen und trocken tupfen. Von allen Seiten mit dem Öl bestreichen. Das Geflügelgewürz mit dem Garam Masala gut vermischen. Das eingeölte Hähnchen rundherum mit der Gewürzmischung einreiben.

2. Den Rot- oder Süßwein in eine kleine leere Konservendose füllen. Zimtstangen, Sternanis und Gewürznelken in den Wein geben.

3. Die Poularde mit dem Bauchraum über die Dose stülpen, dann auf dem Rost bei indirekter Hitze (200 °C) mit geschlossenem Deckel etwa 1 ½ Stunden grillen. (Der Wein mit den Gewürzen in der Dose verdampft dabei in der Bauchhöhle des Hähnchens und sorgt so für ein durchdringendes Aroma im Fleisch.)

4. Die Poularde vom Grill nehmen und die Dose entfernen. Die Poularde in Stücke zerlegen und auf Teller verteilen. Dazu passen Portweinschalotten (s. S. 164) und Kräuterseitlinge (s. S. 70).

 **200 °C**

124

SUPERZARTE PUTENBRUST
mit Rosa Pfefferbeeren

Ein leichtes Gericht für die Sommerzeit. Ich verwende generell Brustfilets von weiblichen Puten, da diese kleiner und von der Struktur zarter sind. Dass sie aus artgerechter Haltung stammen sollten, versteht sich von selbst. Mit dem herrlich fruchtigen Mango-Ananas-Salat dazu überrascht man immer alle am Tisch.

Für 4–6 Personen
1 Putenbrust (etwa 1,2 kg)
5 EL Geflügelgewürz (s. S. 18)
Rosa Pfefferbeeren zum Garnieren

Vorbereitung: 15 Min.
Grillzeit: 30 Min.

1. Die Putenbrust waschen und trocken tupfen. In vier gleich dicke Steaks schneiden und diese rundherum mit dem Geflügelgewürz einreiben.

2. Die Putensteaks auf dem Rost bei direkter Hitze (250–300 °C) auf jeder Seite 3–5 Minuten grillen. In die indirekte Zone des Grills legen und dort bei 150–160 °C mit geschlossenem Deckel etwa 20 Minuten bis zu einer Kerntemperatur von mindestens 70 °C ziehen lassen.

3. Die Steaks in Tranchen schneiden, auf Teller verteilen und mit Rosa Pfefferbeeren garnieren.

 250–300 °C + **150–160 °C**

RUCOLASALAT MIT MANGO UND ANANAS

Für 4–6 Personen
1 Mango
1 kleine Ananas
4 EL Sesamöl
1 EL weißer Balsamico-Essig
Salz
schwarzer Pfeffer, grob gemahlen
1 TL Chiliflocken
1 Bund zarter Rucola

Zubereitung: 15 Min.
Marinierzeit: 1 Std.

1. Mango und Ananas schälen. Die Mango vom Stein schneiden und in mundgerechte Stücke schneiden. Die Ananas vom harten Strunk befreien und ebenfalls in mundgerechte Stücke schneiden.

2. Die Obststücke in einer Schüssel mit Öl, Essig sowie Salz, Pfeffer und Chiliflocken gut vermischen. An einem kühlen Ort etwa 1 Stunde ziehen lassen. Den Rucola waschen und trocken tupfen. Die Blätter unter den Mango-Ananas-Salat heben. Der Salat passt super zur gegrillten Putenbrust oben. Wozu Sie ihn noch reichen können, lesen Sie auf S. 228.

ORIENTALISCHE PUTENKEULE

Gern bereite ich bei Grillpartys auch mal ein großes Stück zu. Vor allem die Männer sind da meistens sehr beeindruckt. Eine Putenkeule eignet sich besonders gut, da sie im Gegensatz zur Putenbrust mehr Fett und eine andere Muskelstruktur hat und deshalb schön saftig bleibt. Da sie auch ganz leichten Genuss bietet, sind die weiblichen Gäste spätestens beim Essen ebenfalls begeistert.

Für 8 Personen
3 EL Geflügelgewürz (s. S. 18)
1 TL gemahlener Kreuzkümmel
½ TL gemahlener Koriander
1 TL gemahlener Kardamom
1 TL Zwiebelpulver
1 TL gemahlene Chili
1 TL Knoblauchpulver
1 Putenkeule (etwa 2,5 kg)
3 EL Olivenöl

Vorbereitung: 20 Min.
Grillzeit: 2 Std.

1. Das Geflügelgewürz mit den anderen Gewürzen in einer kleinen Schale gut vermischen.

2. Die Putenkeule waschen und trocken tupfen. Die Haut am schmalen Ende direkt vor dem Gelenk bis zum Knochen rundherum einschneiden. Die Keule mit dem Öl einreiben und anschließend mit der Gewürzmischung würzen.

3. Die Putenkeule auf dem Rost bei indirekter Hitze (200 °C) mit geschlossenem Deckel grillen, bis eine Kerntemperatur von 80 °C erreicht ist. Das kann bis zu 2 Stunden dauern. Passende Beilagen zur Putenkeule finden Sie auf S. 228 und S. 229.

DAS IST NATÜRLICH EIN REZEPT FÜR EINE GROSSE RUNDE – MIT EINER KEULE VON ÜBER 2 KILOGRAMM. WENN WENIGER GÄSTE VERSAMMELT SIND UND RESTE BLEIBEN, MACHT DAS GAR NICHTS: DAS KALTE PUTENFLEISCH LÄSST SICH AM NÄCHSTEN TAG ZU EINEM FEINEN SALAT VERARBEITEN ODER KOMMT EINFACH IN EIN LECKERES SANDWICH.

🥩 **200 °C**

ENTENBRUST
mit Ras-el-Hanout-Glasur

Für 4 Personen

4 Entenbrustfilets (à etwa 250 g)
4 EL Geflügelgewürz (s. S. 18)
1 EL Ras el-Hanout (marok. Gewürzmischung)
6 EL Hoisin-Sauce
abgeriebene Schale von 1 Bio-Zitrone

Vorbereitung: 5 Min.
Grillzeit: 45 Min.

1. Filets waschen und trocken tupfen. Die Haut kreuzweise im Abstand von 0,5 cm einschneiden. Geflügelgewürz und Ras el-Hanout mischen, das Fleisch damit rundherum würzen. Filets auf der Hautseite bei indirekter Hitze (120–140 °C) mit geschlossenem Deckel 30–40 Minuten grillen.

2. Grilltemperatur auf 200–250 °C erhöhen, Filets mit der Fleischseite nach unten auf die direkte Zone legen. Hoisin-Sauce und Zitronenschale mischen, Haut damit bestreichen. Mit geschlossenem Deckel 3–5 Minuten karamellisieren. Filets in Scheiben schneiden, mit Süßkartoffeln nach Wahl servieren.

 120–140 °C + **200–250 °C**

 BEILAGE
DREIERLEI SÜSSKARTOFFELN

Für 4 Personen

Süßkartoffeln (2 für die Creme,
je 1 für Scheiben und Kugeln)
Olivenöl
abgeriebene Schale von 1 Bio-Orange (für die Creme)
Salz
schwarzer Pfeffer, grob gemahlen

Vorbereitung: 10 Min.
**Grillzeit: 45 Min. (Creme) | 10 Min. (Scheiben) |
10 Min. (Kugeln)**

1. Für Süßkartoffelcreme 2 Süßkartoffeln mit je 2 EL Öl in Alufolie wickeln und auf dem Rost bei indirekter Hitze (200–250 °C) mit geschlossenem Deckel 45 Minuten garen. Das Innere herauslösen, zerdrücken, mit Orangenschale und Salz würzen.

2. Für Süßkartoffelscheiben 1 Süßkartoffel in 1 cm dicke Scheiben schneiden, mit Öl bestreichen und auf dem Rost bei direkter Hitze (250–300 °C) auf jeder Seite 4–5 Minuten grillen. Salzen und pfeffern.

3. Für Süßkartoffelkugeln aus 1 Süßkartoffel mit einem Kugelausstecher zwölf Kugeln ausstechen, im Grillwok in etwas Öl etwa 10 Minuten weich garen.

 200–250 °C + **250–300 °C**

GEFÜLLTE GANS

mit gespickten Orangen

Wichtig für die Zubereitung einer Gans auf dem Grill ist es, dass diese vorab einige Stunden in einer Würzlake liegt. Damit erreicht man, dass das Wasser samt Salz und Gewürzaroma in den Vogel einzieht und während des Grillens wieder fast vollständig verdunstet. Aber eben nur fast ... zurück bleibt der Geschmack, etwas Feuchtigkeit und die Gewissheit, dass sich am Tisch jeder wundert, warum die Gans dieses Mal so besonders saftig ist.

Für 6–8 Personen

300 g Salz
200 g + 7 EL Geflügelgewürz (s. S. 18)
5–6 Bio-Orangen, 2 davon in Scheiben geschnitten
6 Knoblauchzehen, angedrückt
1 Gans (etwa 3 kg, grillfertig)
150 ml Olivenöl
2 EL brauner Zucker
Mark von 2 Vanilleschoten
1 Handvoll Gewürznelken

Vorbereitung: 20 Min.
Einlegezeit: 12 Std.
Grillzeit: 4 Std.

FÜR DIE ZUBEREITUNG DER GANS IST EIN KUGELGRILL IDEAL. ABER NATÜRLICH GELINGT DAS REZEPT AUCH AUF EINEM GASGRILL – ER SOLLTE NUR GROSS GENUG SEIN. WÄHREND DER GRILLPHASE KANN DIE GANS MIT RÄUCHERSPÄNEN (AUS DEM GRILLFACHHANDEL) STÜNDLICH FÜR EINIGE MINUTEN GERÄUCHERT WERDEN. DAS VERLEIHT DEM FLEISCH NOCH ZUSÄTZLICHES AROMA.

1. Für die Lake Salz und 200 g Geflügelgewürz in 6 – 8 l Wasser in einem großen Gefäß oder Eimer auflösen. Orangenscheiben und Knoblauch dazugeben. Die Gans innen und außen waschen und in die Lake geben. An einem kühlen Ort 10–12 Stunden darin einlegen. Danach aus der Lake nehmen und trocken tupfen.

2. Das Öl mit 7 EL Geflügelgewürz, Zucker und Vanillemark zu einer Marinade vermischen. Die übrigen Orangen waschen und mit den Nelken spicken. Dann mehrmals mit einer Messerspitze einstechen, damit der Saft austreten kann, und in den Bauchraum der Gans füllen. Die Gans mit gewässertem feuerfesten Küchengarn zubinden.

3. Die Gans rundherum mit Marinade bestreichen und auf dem Rost bei indirekter Hitze (150 – 170 °C) mit geschlossenem Deckel grillen, bis an der Innenseite der Keulen eine Kerntemperatur von 80 °C erreicht ist. Das kann bis zu 4 Stunden dauern. Zum Servieren in Teilstücke zerlegen. Dazu passen Süßkartoffeln (s. S. 131).

 150–170 °C

BBQ-Spareribs

Spareribs sind einfach der Klassiker, wenn es ums BBQ geht. Ich bereite sie immer auf dem BBQ-Smoker »Low & Slow« zu. Am liebsten nehme ich den sogenannten St.-Louis-Cut (s. S. 147) – da ist einfach mehr Fleisch auf den Rippen und die lange Grillzeit macht sich bezahlt. Fragen Sie Ihren Metzger, ob er Ihnen die Rippen nach dem amerikanischen Muster schneidet.

Für 6–8 Personen

2 Spareribs (à etwa 800 g, im St.-Louis-Cut, Silberhaut entfernt)
4 EL Basis-BBQ-Gewürzmischung (s. S. 20)
200 ml Apfelsaft
1 TL frisch geriebener Ingwer
1 TL fein gehackter Knoblauch
4 EL Honig
2 EL Teriyaki-Sauce
50 ml Appenzeller Alpenbitter

Vorbereitung: 15 Min.
Marinierzeit: 3 Std.
Räucher- und Garzeit: 4 Std.

FALLS SIE KEINEN SMOKER HABEN UND DIE SPARERIBS AUF EINEM GASGRILL MACHEN MÖCHTEN, LASSEN SIE SCHRITT 2 (RÄUCHERN) WEG UND GRILLEN SIE DIE RIBS AUF DEM ROST AUF DER FLEISCH-SEITE BEI DIREKTER HITZE (250–300 °C) 4–5 MINUTEN. SO BEKOMMEN SIE SCHÖNE RÖST-AROMEN, DIE AN RAUCH ERINNERN.

1. Die Spareribs großzügig mit 3 EL BBQ-Gewürz einreiben, in Frischhaltefolie wickeln und an einem kühlen Ort 2–3 Stunden marinieren.

2. Den Smoker mit Buchenholz anfeuern. Die Spareribs aus der Folie nehmen und im Smoker bei indirekter Hitze (80 °C) mit geschlossenem Deckel etwa 1 Stunde räuchern. Dann die Temperatur auf 120 °C erhöhen, die Spareribs vom Grill nehmen.

3. Auf der Arbeitsfläche zwei Stücke Alufolie auslegen, die etwa 20 cm länger sind als die Ribs. Je ein ebenso großes Stück Backpapier darauflegen. Die Kanten leicht hochbiegen, sodass eine Mulde entsteht. Die Spareribs mit der Fleischseite nach oben auf das Backpapier legen und mit je 50 ml Apfelsaft beträufeln. Die Päckchen verschließen und die Spareribs bei indirekter Hitze (120 °C) mit geschlossenem Deckel etwa 2 Stunden garen. Nach 1 ½ Stunden kontrollieren, ob sich der Knochen schon vom Fleisch löst.

4. Inzwischen für die Glasur Ingwer und Knoblauch mit Honig, restlichem Apfelsaft (100 ml), Teriyaki-Sauce, Likör und übrigem BBQ-Gewürz vermischen.

5. Die Spareribs auf der Fleischseite mit der Glasur bestreichen. Die Temperatur auf 140 °C erhöhen und die Spareribs mit geschlossenem Deckel 30–50 Minuten fertig garen, dabei immer wieder mit der Glasur bestreichen. Die Spareribs portionieren und servieren.

 80 – 140 °C | **Smoker + Buchenholz**

ALTE WUTZ

mit weißen Bohnen und Kapern

Die »Alte Wutz« ist ein trocken gereifter Schweinerücken von Heiko Brath aus Karlsruhe (s. S. 147). Sein fein-nussiges Aroma macht dieses Dry-Aged-Fleisch einmalig. Mittlerweile ist es in vielen guten Restaurants und Steakhäusern auf der Karte zu finden. Heiko ist ein unheimlich kreativer Metzger, der sich stark dem Grillen und BBQ verschrieben hat. Wir machen viele gemeinsame Seminare und Veranstaltungen im In- und Ausland und tüfteln immer wieder neue Ideen aus, wie man »schwierige« Teilstücke auf dem Grill so zubereiten kann, dass mehr Leute sie zu schätzen lernen.

Für 4 Personen
4 Scheiben »Alte Wutz« (trocken gereifter Schweinerücken, etwa 3 cm dick)
Salz

Für die weißen Bohnen
4 EL Olivenöl
1 Zweig Rosmarin
1 kleine Chilischote
800 g weiße Bohnen (aus der Dose, abgetropft)
100 g Oliven (z. B. Kalamata)
15 kleine Kapernäpfel
schwarzer Pfeffer, grob gemahlen

Vorbereitung: 5 Min.
Grillzeit: 25 Min. (Fleisch) | 10 Min. (Bohnen)

1. Die Schwarte der Fleischscheiben im Abstand von 1 cm längs und quer etwa 0,5 cm tief einschneiden. Die Rückenscheiben mit Salz würzen und auf dem Rost bei direkter Hitze (400 °C) auf jeder Seite 4–5 Minuten grillen.

2. Dann das Fleisch bei indirekter Hitze (130 °C) mit geschlossenem Deckel etwa 15 Minuten nachziehen lassen, bis eine Kerntemperatur von 60 °C erreicht ist.

3. Für die weißen Bohnen das Öl im Grillwok erhitzen und den Rosmarin darin etwas ziehen lassen. Die Chilischote längs halbieren, entkernen, waschen und fein hacken.

4. Die Bohnen in den Grillwok geben. Chili, Oliven und Kapernäpfel dazugeben und untermischen. Alles 8–10 Minuten köcheln lassen. Mit Salz und Pfeffer abschmecken und mit der »Alten Wutz« servieren. Die Bohnen passen auch zu Kalb, Rind oder Pute – weitere Vorschläge finden Sie auf S. 229.

 400 °C + 130 °C

WUTZE WAMPE

mit Schmortomaten

Schweinebauch hat – meiner Meinung nach unverdienterweise – einen ziemlich schlechten Ruf. Er ist vielen zu fett und kann, wenn das Tier nicht gut gehalten wurde, ein sehr eigenwilliges Aroma haben. Mit meinem Metzger Heiko Brath versuchte ich eine trocken gereifte Version des Bauches – quasi einen »Dry-Aged-Bauch«. Das Ergebnis ist einfach wunderbar. Wir tauften das gute Stück »Wutze Wampe« und hoffen, damit viele Grillfans glücklich zu machen.

Für 4 Personen

800 g »Wutze Wampe« (trocken gereifter Schweinebauch mit Schwarte)
Olivenöl
2 EL Mediterranes Kräutersalz (s. S. 19)

Für die Schmortomaten

600 g Kirschtomaten an der Rispe
6 EL Honig
1 EL Sojasauce
abgeriebene Schale von 1 Bio-Limette
1 EL Kräuter der Provence
1 EL grobes Salz

Vorbereitung: 10 Min.
Grillzeit: 6 Std.

1. Die Schwarte des Schweinebauchs im Abstand von jeweils 1 cm über Kreuz etwa 1 cm tief einschneiden. Beide Seiten mit Öl einreiben und mit dem Kräutersalz würzen. Den Schweinebauch auf dem Rost bei indirekter Hitze (120–130 °C) mit geschlossenem Deckel etwa 6 Stunden grillen.

2. Für die Schmortomaten die Kirschtomaten mit den Rispen vorsichtig waschen und trocken tupfen. In den Grillwok geben und mit Honig und Sojasauce beträufeln. Mit Limettenschale, Kräutern der Provence und Salz bestreuen. Alles vorsichtig vermischen und bei direkter Hitze (200 °C) 15 Minuten grillen, bis die Tomaten aufplatzen.

3. Die Plancha bei direkter Hitze (250 °C) vorheizen. Den Schweinebauch vom Rost nehmen und in Würfel oder Scheiben schneiden. Mit den Schnittflächen auf die vorgeheizte Plancha legen und 2–3 Minuten grillen. Auf Teller verteilen und mit den Tomaten und dem Honig-Tomaten-Sud aus dem Wok servieren. Wozu Sie die Schmortomaten noch reichen können, erfahren Sie auf S. 229.

 **120–130 °C** + **200–250 °C** |  +

SUNSHINE PULLED PORK

Das klassische Pulled Pork ist aus der Grill- und BBQ-Welt nicht mehr wegzudenken. Mal aus der Schulter, mal aus dem Nacken, über Stunden im Smoker und bei kleiner Hitze gegart, bis man es zerreißen (»pullen«) kann. Meist sehr rauchig, mit viel BBQ-Sauce und Coleslaw im Brötchen serviert, ist dieses Gericht allgegenwärtig. Da ich das BBQ und »Low & Slow« sehr schätze, aber nicht unbedingt ein Anhänger von extremen Rauchnoten bin, habe ich mir ein neues Rezept ausgedacht: Sunshine Pulled Pork!

Für 10 Personen
1 Mango
1 daumengroßes Stück Ingwer
2 Bio-Limetten, heiß gewaschen
1 Zwiebel, geschält
2 rote Chilischoten
2 TL grüner Pfeffer (aus der Lake)
3 Frühlingszwiebeln, geputzt
4 Knoblauchzehen, geschält
1 EL Palmzucker
Salz
2,5 kg Schweineschulter
(mit Schwarte ohne Knochen)
200 ml Ananassaft
Koriandergrün zum Garnieren

Vorbereitung: 15 Min.
Grillzeit: 12 Std.
Ruhezeit: 30 Min.

1. Die Plancha bei direkter Hitze (250–300 °C) vorheizen. Die Mango schälen und halbieren, den Kern entfernen. Den Ingwer schälen und in Scheiben schneiden. Limetten und Zwiebel halbieren, mit den Mangohälften und dem Ingwer auf der vorgeheizten Plancha auf den Schnittflächen 2–3 Minuten grillen. Chilischoten, Pfeffer, Frühlingszwiebeln und Knoblauch dazugeben und alles 3–4 Minuten aromatisch grillen. Alle Zutaten in einen Standmixer geben und fein mixen. Den Palmzucker und 3–4 TL Salz dazugeben und alles nochmals durchmixen.

2. Von der Schweineschulter die Schwarte abschneiden, dabei eine mindestens 0,5 cm dünne Fettschicht am Fleisch belassen. Die Schulter in einen feuerfesten Bräter geben und das Würzpüree auf dem Fleisch verteilen. Mit den Händen gut einmassieren. Den Ananassaft in die Form gießen und das Fleisch bei indirekter Hitze (100 °C) mit geschlossenem Deckel bis zu einer Kerntemperatur von 90 °C ziehen lassen. Das kann je nach Rasse, Alter, Haltung und Reife 8–12 Stunden dauern.

3. Das Fleisch nach Erreichen der Kerntemperatur in der indirekten Zone des Grills bei 70–80 °C mit geschlossenem Deckel etwa 30 Minuten ruhen lassen. Dann das Fleisch zerzupfen und mit der Flüssigkeit aus der Form mischen. Auf etwas angegrilltem Baguette mit dem Coleslaw anrichten und mit Korianderblättern garnieren.

 250–300 °C + **100 °C | 70–80 °C** |  **+ Bräter**

 **BEILAGE**

COLESLAW

Diese Beilage habe ich an das Sunshine Pulled Pork angepasst. Mit frischen Aromen angereichert, harmonieren die beiden Rezepte wunderbar. Den Coleslaw bereiten Sie am besten schon am Vortag zu, damit er gut durchziehen kann.

Für 4 Personen
150 g junges Weißkraut
1 kleine Möhre
1 kleiner süßlicher Apfel
1 Frühlingszwiebel
1 daumengroßes Stück Ingwer
4 EL Schmand
1 EL Apfelessig
2 EL Olivenöl
Salz
schwarzer Pfeffer, grob gemahlen

Zubereitung: 15 Min.
Marinierzeit: 4 Std.

1. Das Weißkraut putzen, waschen und in feine Streifen hobeln oder schneiden. Möhre und Apfel schälen und ebenfalls in feine Streifen hobeln, dabei das Kerngehäuse des Apfels entfernen. Die Frühlingszwiebel putzen, waschen und in dünne Ringe schneiden.

2. Das Weißkraut mit den Möhren- und Apfelstreifen und den Frühlingszwiebelringen in eine große Schüssel geben. Den Ingwer schälen und fein dazureiben, dann alles gründlich vermischen.

3. Schmand, Essig und Öl untermischen und den Coleslaw mit Salz und Pfeffer abschmecken. Den Salat vor dem Servieren im Kühlschrank mindestens 3–4 Stunden, am besten über Nacht, durchziehen lassen. Coleslaw schmeckt prima zu hellem Fleisch von Geflügel oder Schwein, wozu er noch passt, können Sie auf S. 229 lesen.

WENN SIE DEN SALAT FÜR DIE GLEICHE PERSONENZAHL WIE DAS *SUNSHINE PULLED PORK* ZUBEREITEN MÖCHTEN, DIE MENGEN EINFACH UM DAS 2½-FACHE MULTIPLIZIEREN.

MEINE LIEBLINGSGRILLSTÜCKE VOM SCHWEIN

Bei der Auswahl des Fleisches sind nicht nur Herkunft und Qualität wichtig. Das Wissen über die Lage und Beschaffenheit der einzelnen Teile hilft, für das jeweilige Gericht ein passendes Stück auszuwählen. Dabei hat jedes Stück seine eigenen Qualitäten. Hier stelle ich neben den bekanntesten auch besondere Teilstücke vor, mit denen ich besonders gern arbeite.

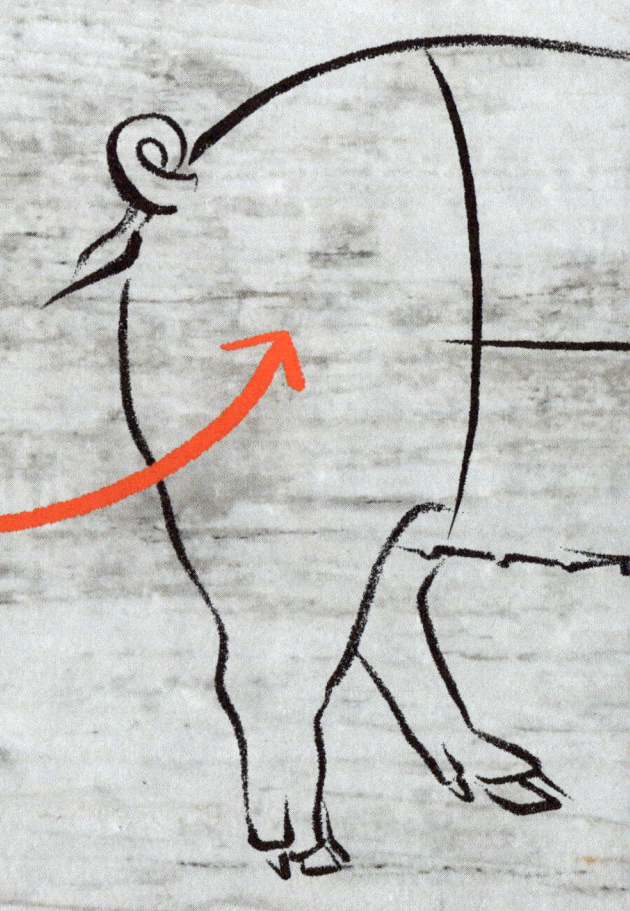

HÜFTE

Die Keule des Schweins wird häufig zu Schinken verarbeitet oder als Hüftbraten zubereitet. Doch hier versteckt sich ein echter Leckerbissen für den Grill. Das **Kachelfleisch**, auch als Deckelchen oder Fledermaus bekannt, befindet sich auf dem Hüftknochen in der Keule. Bisher in der Wurstproduktion verwendet, wird der kleine Muskel heute von Gourmets geschätzt und kann es an Zartheit und Saftigkeit leicht mit einem Filet aufnehmen.

RÜCKEN

Die Scheiben aus dem Rippenstück des Schweins zwischen Nacken und Lende kennt man als **Kotelett**. Umrahmt wird das leicht durchwachsene Fleisch von den charakteristischen Rippen- und Wirbelknochen. Für den Grill verwendet man am besten dickere Stücke (ab 2,5 cm), damit das Fleisch zart und saftig wird. Das meiner Meinung nach beste Dry-Aged-Schweinekotelett stammt von der Metzgerei Brath in Karlsruhe und wird unter dem Namen **Alte Wutz®** vertrieben.

NACKEN UND SCHULTER

Der **Schweinenacken** ist zum Grillen sehr beliebt, da er durchwachsen und daher schön saftig ist. Die Schulter eignet sich aufgrund der **Sehnen** und des niedrigeren Fettgehalts eher zum Schmoren. Der Schnitt, der für Pulled Pork bevorzugt wird, nennt sich **Boston Butt** und schließt neben der Schulter auch einen Teil des Nackens ein. Dieser Name hat übrigens nichts mit dem Hinterviertel des Schweins zu tun, sondern kommt vom Lagern der weniger beliebten Fleischstücke in Fässern (»butts«). Der Deckel des Schulterblatts, das man auch vom Schäufele kennt, zeichnet sich als **Cuscino** durch ein sehr kräftiges Aroma und einen etwas kräftigeren Biss aus. Beim Grillen oder Braten ist darauf zu achten, dass man die Seite, die nicht von der feinen Silberhaut überzogen ist, zuerst anbrät, da sich das Fleisch sonst wie eine Kugel zusammenzieht.

RIPPCHEN UND BAUCH

Spareribs sind ein echter Klassiker auf dem Grill. Ursprünglich benutzt man dafür die **Baby Back Ribs**, die beim Zuschneiden des Koteletts übrig bleiben. Bei uns verbreiteter sind die Rippchen nach dem **St.-Louis-Cut**, die vom Bauch des Schweines stammen. Beim diesem Cut wird der Knorpelteil des Bauches entfernt, der in Form von **Rib Tips** eine günstige und besonders saftige Alternative zu den Spareribs darstellt. Auch der restliche **Schweinebauch** darf gern auf den Grill und ist bei entsprechend guter Haltung magerer und aromatischer, als man meinen könnte.

Schwein

CUSCINO
auf geräuchertem Spinat

Das Cuscino ist ein kleiner Muskel aus dem Schulterbereich des Schweins (s. S. 147). In der Regel wird diesem Stück keine Bedeutung geschenkt und es wandert beim Zerlegen meist einfach in die Wurstproduktion. Eigentlich schade, ist es doch ein wirklich zartes Stück zum Kurzgrillen.

Für 4 Personen
8 Stücke Cuscino (à 60–70 g)
4 EL Basis-BBQ-Gewürzmischung (s. S. 20)
1–2 Knoblauchzehen
8 EL Teriyaki-Sauce

Für den geräucherten Spinat
1 Chilischote
400 g Babyspinat
1 TL Salz
2 EL Olivenöl
1 EL Birnen-Balsamico-Essig
schwarzer Pfeffer, grob gemahlen
1 Handvoll Räucherspäne (Apfel)

Vorbereitung: 10 Min.
Grillzeit: 8 Min.
Ruhezeit: 5 Min.

1. Die Cuscino-Stücke rundherum mit dem BBQ-Gewürz würzen. Den Knoblauch schälen, fein hacken und mit der Teriyaki-Sauce vermischen. Das Fleisch auf der Seite ohne Silberhaut auf dem Rost bei direkter Hitze (250–300 °C) 4 Minuten grillen.

2. Das Cuscino wenden, auf der gegrillten Seite mit der Teriyaki-Mischung bestreichen und nochmals 4 Minuten grillen. Anschließend bei indirekter Hitze (150 °C) mit geschlossenem Deckel noch etwa 5 Minuten ruhen lassen.

3. Inzwischen für den Spinat die Chilischote längs halbieren, entkernen, waschen und klein hacken. Den Spinat waschen und trocken tupfen, salzen und in einem feuerfesten Grillgeschirr bei indirekter Hitze (80 °C) mithilfe der Räucherspäne bei geschlossenem Deckel anräuchern.

4. Den Spinat mit Öl, Birnen-Balsamico und Pfeffer würzen, auf Teller verteilen und das Cuscino darauf anrichten. Mit der fein gehackten Chilischote garniert servieren. Der geräucherte Spinat schmeckt auch prima zur Lachsforelle (s. S. 108) oder zu Geflügel wie Ente, Gans oder Pute (s. S. 229).

250–300 °C + 150 °C | 80 °C

KALBSSTEAK
mit Zitronen-Minze-Butter

Kalbssteak, hier mal nicht aus den edlen Teilen wie Filet oder Rücken, sondern aus dem – wie man es in Österreich nennt – weißen Scherzel. In Süddeutschland heißt dieses Stück übrigens Semmelrolle.

Für 4 Personen
4 Kalbssteaks (weißes Scherzel bzw.
Semmelrolle, etwa 3 cm dick)
grobes Salz
schwarzer Pfeffer, grob gemahlen
4 TL Zitronen-Minze-Butter (s. S. 25)

Vorbereitung: 5 Min.
Grillzeit: 6 Min.
Ruhezeit: 7 Min.

1. Die Kalbssteaks auf jeder Seite salzen. Auf dem Rost bei direkter Hitze (250–300 °C) 2–3 Minuten grillen, bis etwas rosa Fleischsaft austritt. Dann die Fleischstücke wenden und nochmals 3 Minuten grillen.

2. Anschließend bei indirekter Hitze (100–120 °C) mit geschlossenem Deckel noch 5–7 Minuten ruhen lassen, damit sich der Fleischsaft im Steak verteilen kann und das Fleisch schön saftig bleibt. Zum Servieren mit Pfeffer würzen und je 1 TL Zitronen-Minze-Butter darauf verteilen. Dazu passen Schmortomaten (s. S. 141).

DAS WEISSE SCHERZEL NEHME ICH SEHR GERNE ZUM GRILLEN – EGAL, OB ALS STEAK, AM STÜCK ODER DÜNN AUFGESCHNITTEN UND PLATTIERT ALS – WIE MAN BEI UNS SAGT – »ZACK-ZACK«. FÜR LETZTERES WIRD ES SCHARF GEWÜRZT UND – NUR EINIGE MILLIMETER DÜNN – BEI DIREKTER HITZE (300 °C) AUF JEDER SEITE 2 MINUTEN GEGRILLT. DANN MIT EINER GUTEN WÜRZBUTTER IM KNUSPRIGEN BRÖTCHEN SERVIERT.

250–300 °C **+** 100–120 °C

KALBSTAFELSPITZ
aus dem Erdloch mit Salzäpfeln und Wildspinat

Das Kochen und Grillen im und auf dem Erdloch findet immer mehr Anhänger. Besonders bei Männerrunden ist diese ursprüngliche Art der Speisenzubereitung sehr beliebt. Während ich im Erdloch etwas gare, nutze ich das Feuer oben auf der geschlossenen Grube zur Zubereitung der Vorspeisen. Ganz wichtig ist der Ablauf, denn zuerst muss die Hauptspeise in das Erdloch, bevor mit den Vorspeisen begonnen wird. Ich empfehle, Schmorstücke im Erdloch zuzubereiten, da es äußerst schwierig ist, einen bestimmten Gargrad zu treffen.

Für 4 Personen
1 Kalbstafelspitz (etwa 1 kg)
Salz
schwarzer Pfeffer, grob gemahlen
100 ml Pale Ale
2 süßsaure Äpfel
1 Handvoll Wildspinat
(ersatzweise Blattspinat)
frisch geriebener Meerrettich
zum Servieren

Vorbereitung: 1 ½ Std.
Grillzeit: 3 Std.

1. Zunächst das Erdloch vorbereiten: Dafür eine etwa 70 cm tiefe und 50 x 70 cm große Grube ausheben. Den Grund der Grube mit Steinen belegen, auf diesen ein Holzfeuer entfachen und die Steine 1 Stunde mit dem Feuer aufheizen.

2. Auf der Arbeitsfläche ein großes Stück Alufolie auslegen. Ein ebenso großes Stück Backpapier darauflegen. Die Kanten leicht hochbiegen, sodass eine Mulde entsteht. Das Fleisch salzen, pfeffern, auf das Backpapier legen und mit dem Bier beträufeln. Die Folie zu einem Päckchen verschließen.

3. Etwa 20 cm hoch Wiesenschnitt auf den heißen Steinen verteilen, das Päckchen darauflegen und mit 20 cm Wiesenschnitt bedecken. Etwa 20 cm Erde darauf verteilen, ein Feuer auf dem Erdloch entfachen und das Fleisch darin 3 Stunden schmoren.

4. Äpfel waschen, entkernen und fein würfeln. Apfelwürfel in einer Schüssel mit Wasser bedecken. 2 TL Salz unterrühren, Apfelwürfel im Salzwasser 2 Stunden ziehen lassen, in ein Sieb abgießen. Spinat waschen, trocken schütteln, fein hacken und unter die Salzäpfel mischen.

5. Fleisch ausgraben, auswickeln, aufschneiden und mit Äpfeln, Spinat und Meerrettich servieren.

Erdloch + Brennholz

ANGEGRILLTES RINDERTATAR

mit Wachtelei

Dieses Gericht entstand aus der Überlegung, wie die Filetköpfe beim Grillen verwertet werden können. Mittlerweile mache ich das Tatar auf verschiedene Arten. Diese Version mit Wachtelei und Parmesan ist mein momentaner Favorit.

Für 4 Personen

4 Filetköpfe (à etwa 80 g, in etwa 2 cm dicke Scheiben geschnitten)
1 Schale Wildkräutersalat
Saft von ½ Zitrone
Olivenöl
1 TL grobes Meersalz
schwarzer Pfeffer, grob gemahlen
4 Wachteleier
1 Stück Parmesan

Vorbereitung: 15 Min.
Grillzeit: 6 Min.

1. Die Plancha bei direkter Hitze (250–300 °C) vorheizen. Die Fleischscheiben bis zur Mitte kreuzweise einschneiden. Den Kräutersalat waschen, trocken tupfen, mit dem Zitronensaft und 2 EL Öl vermischen und mit Salz und Pfeffer abschmecken. Auf einer Servierplatte verteilen.

2. Das Fleisch auf der nicht eingeschnittenen Seite auf dem Rost bei direkter Hitze (250–300 °C) 3–4 Minuten grillen, bis die Zellflüssigkeit in den Einschnitten sichtbar ist.

3. Die Wachteleier einzeln aufschlagen und auf der vorgeheizten Plancha in 1–2 Minuten zu kleinen Spiegeleiern braten.

4. Das Fleisch in kleine Würfel schneiden und auf dem Kräutersalat verteilen. Mit Salz, Pfeffer und etwas Öl würzen und die Wachtelspiegeleier danebensetzen. Den Parmesan mit einem Sparschäler darüberhobeln.

 **250–300 °C**

MEINE LIEBLINGSGRILLSTÜCKE VOM RIND

Da das Rind deutlich größer ist als das Schwein, wird es auch feiner unterteilt. Dabei macht nicht nur die Lage der Fleischstücke, sondern auch der jeweilige Zuschnitt (»cut«) einen Unterschied. Manche Teilstücke vom Rind sind besonders begehrt und dementsprechend teuer, bestechen aber dafür auch mit einzigartiger Zartheit und unverwechselbarem Geschmack.

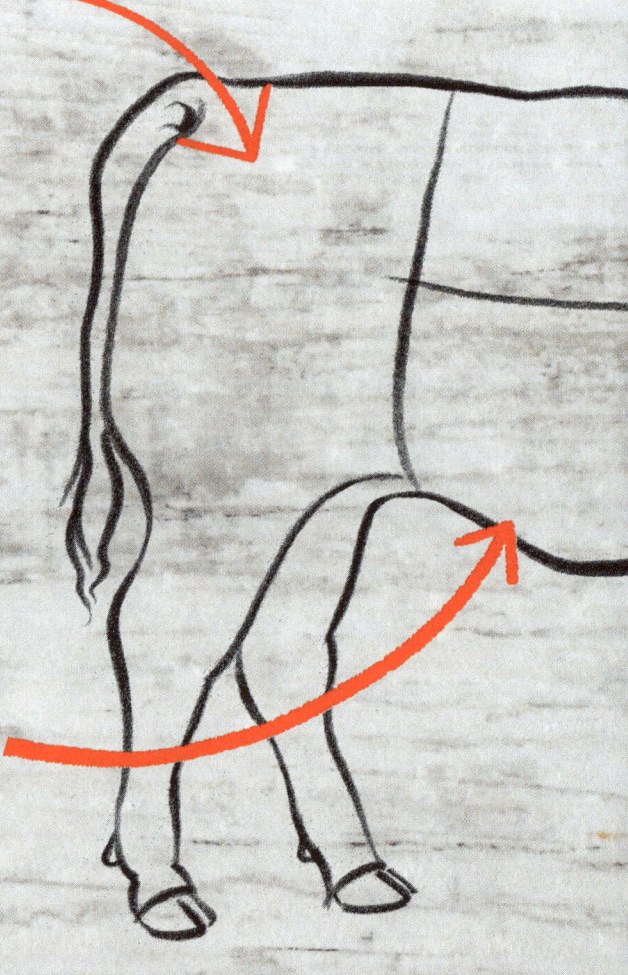

HINTERVIERTEL

Wie beim Schwein findet sich das rare **Kachelfleisch** auch beim Rind oberhalb der Hüfte. Das **Tri Tip (Bürgermeisterstück)** liegt oberhalb der Rinderkeule und verdankt den Namen seiner Form, die an eine Haifischflosse erinnert. Da es fast vollständig aus Muskelfasern besteht, ist es an Zartheit kaum zu übertreffen. Im Schwanzstück des Rindes findet man das **weiße Scherzel (Semmelrolle),** ein Muskel mit außergewöhnlich gleichmäßiger Fleischstruktur. Das eher magere und sehr helle Fleisch muss nur kurz auf den Grill. Ebenfalls im Schwanzstück findet man den **Tafelspitz,** dessen mageres Fleisch oft gekocht oder geschmort wird. Mit etwas Vorsicht gelingt er aber auch auf dem Grill beziehungsweise im Erdloch.

DÜNNUNG/BAUCHLAPPEN

Unterhalb des Rückens befindet sich die Dünnung, aus der die immer bekannter werdenden **Flanksteaks** geschnitten werden. Lange abgehangen und nach dem Grillen gegen die Faser aufgeschnitten, überzeugen sie mit Saftigkeit und Geschmack.

RÜCKEN

Aus dem vorderen Rücken stammt das **Roast-beef (Hochrippe)**. Das große Teilstück wird in das hohe und flache Roastbeef sowie das Zwischenrippenstück oder **Entrecôte** unterteilt. Das fertige Stück sollte Zeit zum Ruhen bekommen, bevor man es in saftige zartrosa Steaks schneidet. Bei **T-Bone-, Porterhouse- und Rumpsteaks** handelt es sich um verschiedene Zuschnitte aus dem Roastbeef. Direkt unterhalb liegt das **Filet,** der wertvollste Teil des Rindes. Aus dem zarten und feinfaserigen Fleisch werden wunderbar saftige Steaks.

SCHULTER

Die Rinderschulter ist im Vergleich zur Keule eher mager und hat lange Fleischfasern. Häufig werden ihre Teilstücke **Bug, Schaufelstück und falsches Filet** zum Braten oder Schmoren verwendet, sie kann aber auch ganz oder in Teilen mit niedrigen Temperaturen in Grill oder Smoker zubereitet werden. Das **Flat Iron (Bugblatt)** ist hingegen ausgesprochen zart und geschmacksintensiv.

BRUST

Die Rinderbrust landet in den USA von den Knochen befreit als **Brisket** auf dem Grill, wo man sich in großen Wettbewerben an der perfekten Zubereitung versucht. Damit das Fleisch saftig wird, sollte es nicht zu mager sein und eine Fettauflage besitzen. Durch langes und langsames Garen erreicht man die gewünschte Zartheit. Zwei Muskelstränge sind für das Brisket charakteristisch: das untenliegende »Flat« und die Brustspitze »Point«. Sind beide Muskelstränge vorhanden, spricht man von einem »Full Packer Brisket« oder »Packer Cut«.

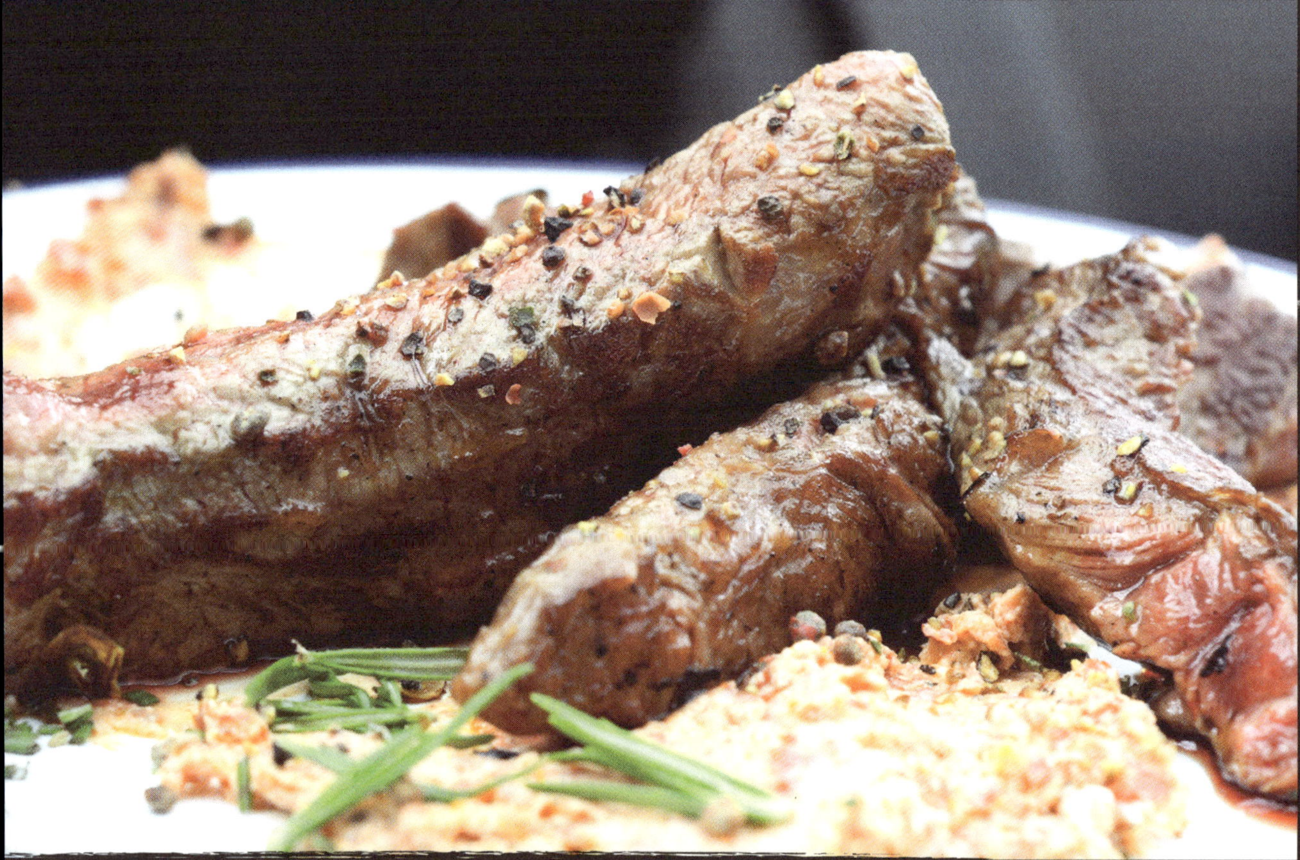

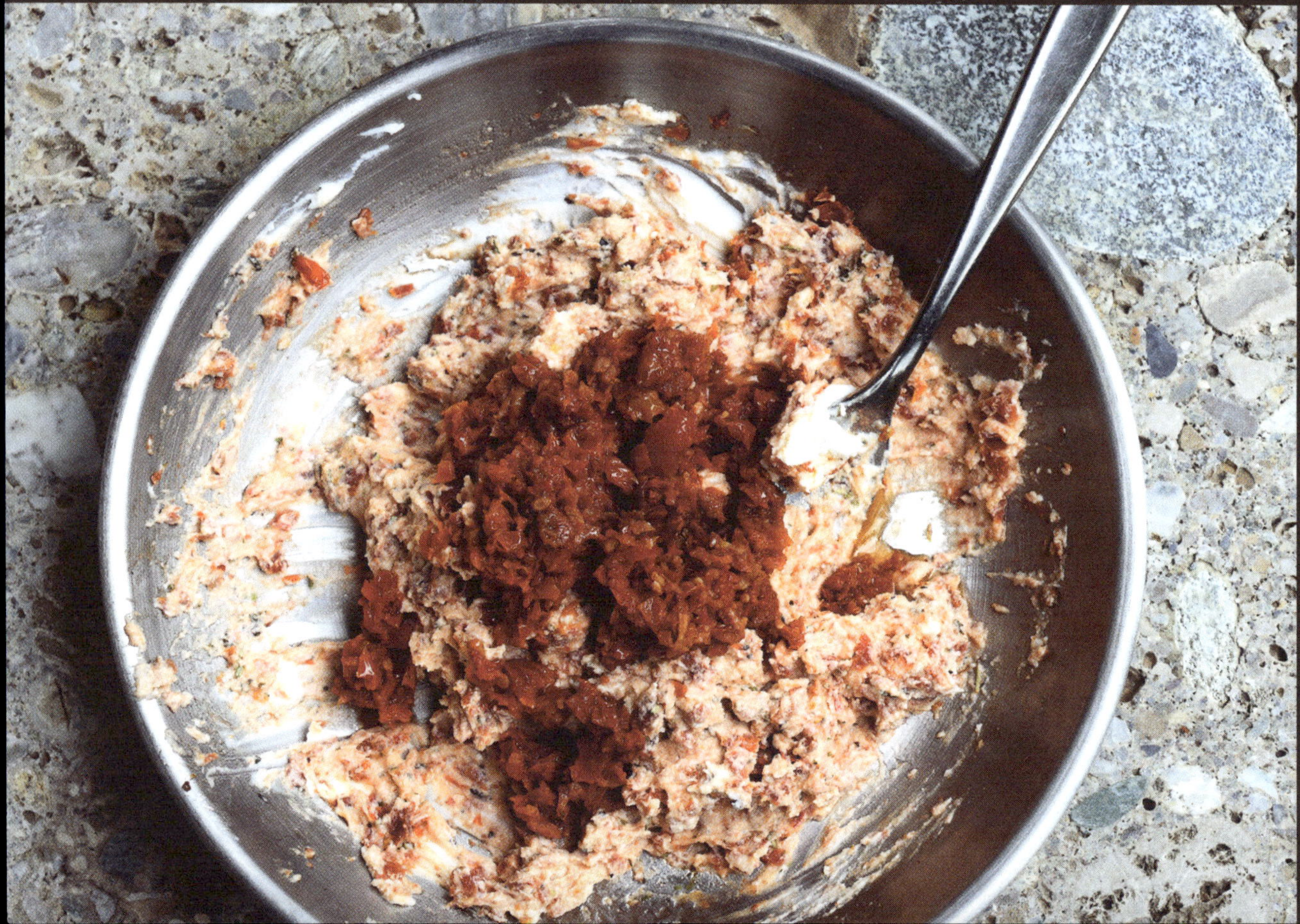

MINI-STEAKS

mit Tomaten-Schafskäse-Creme

Eine gute Methode, den Kopf (Abschnitt) des Flat Iron zu verwerten. Dazu serviere ich gerne meine Tomaten-Schafskäse-Creme. Die Kombination schmeckt als kleiner Zwischengang, Snack oder Vorspeise.

Für 4 Personen

2 Köpfe vom Flat Iron (Bugblatt, à etwa 200 g)
grobes Meersalz
2–3 EL Olivenöl
Langpfeffer, grob gemahlen
2 TL getrockneter Thymian

Vorbereitung: 10 Min.
Grillzeit: 6 Min.

1. Die Plancha bei direkter Hitze (250–300 °C) vorheizen. Die Flat-Iron-Köpfe auf die Arbeitsplatte legen und jeweils links und rechts vom Knorpel entlang abschneiden, sodass man vier Stücke erhält. Die Abschnitte in Streifen schneiden und leicht salzen. Auf der vorgeheizten Plancha auf jeder Seite 2–3 Minuten grillen.

2. Die Mini-Steaks auf Teller verteilen, mit Öl beträufeln und mit Salz, Pfeffer und Thymian würzen. Mit Tomaten-Schafskäse-Creme servieren.

  **250–300 °C**

TOMATEN-SCHAFSKÄSE-CREME

Für etwa 600 g

400 g getrocknete Tomaten (in Öl)
150 g Feta (Schafskäse)
1 EL getrockneter Oregano
schwarzer Pfeffer, grob gemahlen
2 EL Olivenöl

Zubereitung: 5 Min.

1. Die Tomaten mit dem anhaftenden Öl in eine Küchenmaschine geben. Den Feta grob zerkleinern und hinzufügen.

2. Alles mit Oregano und Pfeffer würzen und mit dem Olivenöl beträufeln. Die Zutaten in der Küchenmaschine zu einer feinen Creme mixen.

RINDERFILET
mit Lebkuchenhaube und Portweinschalotten

Ein wunderbares Rezept für Weihnachten. Falls Sie – wie wir –
zu Weihnachten gerne mal ein schönes Menü vom Grill zaubern wollen,
ist dieses Rezept als Hauptgang wunderbar geeignet. Mehr weihnacht-
licher Geschmack geht eigentlich nicht.

Für 4 Personen
2 Eiweiß
2 EL Puderzucker
Salz
2 EL fein geriebener Lebkuchen
4 Rinderfilets (jeweils etwa 10 cm lang
und 3 cm dick)
2 TL Zucker
grobes Meersalz
schwarzer Pfeffer, grob gemahlen

Für die Portweinschalotten
8 Schalotten
1 EL Olivenöl
125 ml Portwein

Vorbereitung: 10 Min.
Grillzeit: 8 Min. (Rinderfilet) | 12 Min. (Schalotten)

1. Die Eiweiße mit dem Puderzucker und 1 Prise Salz zu steifem Eischnee schlagen. Den geriebenen Lebkuchen unterheben.

2. Die Rinderfilets auf jeder Seite mit Zucker und Salz würzen. Auf dem Rost bei direkter Hitze (250–300 °C) auf einer Seite etwa 4 Minuten grillen. Dann die Temperatur auf 200–250 °C reduzieren.

3. Die nicht gegrillte Seite mit der Lebkuchen-masse bestreichen. Die Steaks dann bei direkter Hitze (200–250 °C) mit geschlossenem Deckel 4 Minuten grillen, bis der Eischnee karamellisiert.

4. Inzwischen für die Portweinschalotten die Schalotten schälen und in Scheiben schneiden. Das Öl im Grillwok erhitzen und die Schalotten da-rin 2 Minuten unter Rühren braten. Mit dem Port-wein ablöschen und 10 Minuten garen, bis sie bissfest sind.

5. Die Schalotten auf Teller verteilen und die Rin-derfilets mit Lebkuchenhaube darauf anrichten. Mit Pfeffer würzen.

 **200–300 °C**

FLANKSTEAK-WRAP

Ein innovatives Fingerfood für den Start in den Grillabend. Durch die getrockneten Tomaten und den Rucola bekommt dieses Gericht einen schönen mediterranen Touch.

Für 4 Personen
1 Flanksteak (etwa 600 g)
3 EL Olivenöl
Salz
schwarzer Pfeffer, grob gemahlen
6–8 getrocknete Tomaten (in Öl)
1 Bund Rucola
8 Tortillafladen (Fertigprodukt)

Vorbereitung: 10 Min.
Grillzeit: 10 Min.
Ruhezeit: 10 Min.

1. Das Flanksteak von der Silberhaut und grobem Fett befreien, rundherum mit etwas Öl bestreichen und leicht salzen.

2. Das Steak auf dem Rost bei direkter Hitze (300 °C) auf jeder Seite 5 Minuten grillen. Danach bei indirekter Hitze (etwa 100 °C) mit geschlossenem Deckel 8–10 Minuten ruhen lassen. In Streifen schneiden und mit Salz und Pfeffer würzen.

3. Die getrockneten Tomaten abtropfen lassen, fein hacken und mit dem restlichen Öl im Grillwok erhitzen. Den Rucola waschen, trocken tupfen und untermischen. Mit Salz und Pfeffer würzen. Die Flanksteak-Tranchen ebenfalls untermischen.

4. Die Tortillafladen auf die Arbeitsfläche legen und die Füllung darauf verteilen. Die Fladen zu Wraps aufrollen, mit je einem gewässerten Holzspieß fixieren und auf dem Rost bei direkter Hitze (250 °C) rundherum kurz knusprig angrillen.

5. Zum Servieren die Spieße entfernen, die Wraps in Stücke schneiden und hochkant servieren, sodass man die Füllung sieht.

 300 °C | 250 °C + 100 °C

FLANKSTEAK

mit grünen Bohnen und getrockneten Tomaten

Das Flank ist das Trendprodukt schlechthin. In Amerika längst legendär und in Frankreich als »kleines Bavette« ein ganz normales Teilstück, ist es bei uns noch recht unbekannt. Das Fleisch ist – vorausgesetzt, man schneidet es gegen die Faser – zart, aromatisch und hat einen sehr kräftigen Eigengeschmack.

Für 4 Personen
1 Flanksteak (etwa 800 g)
4 EL Olivenöl
grobes Salz
schwarzer Pfeffer, grob gemahlen

Für die grünen Bohnen
800 g grüne Bohnen
10 getrocknete Tomaten (in Öl)
2 Knoblauchzehen
1 Schuss Weißwein

Vorbereitung: 15 Min.
Grillzeit: 10 Min.
Ruhezeit: 10 Min.

1. Das Flanksteak von der Silberhaut und grobem Fett befreien. Rundherum mit etwas Öl bestreichen und leicht salzen.

2. Das Flanksteak auf dem Rost bei direkter Hitze (300 °C) auf jeder Seite 5 Minuten grillen. Danach bei indirekter Hitze (80–100 °C) mit geschlossenem Deckel noch 8–10 Minuten ruhen lassen. Das Flanksteak in Tranchen schneiden und mit etwas Öl, Salz und Pfeffer würzen.

3. Für die Bohnen die grünen Bohnen putzen und waschen, nach Belieben einmal durchschneiden. Die getrockneten Tomaten abtropfen lassen und fein hacken. Den Knoblauch schälen und ebenfalls fein hacken.

4. Das übrige Öl im Grillwok erhitzen. Die Bohnen dazugeben und bei starker Hitze 1–2 Minuten pfannenrühren. Mit dem Weißwein ablöschen. Die gehackten Tomaten und den Knoblauch untermischen. Die Bohnen 6–8 Minuten garen, bis sie weich sind. Mit Salz und Pfeffer abschmecken und mit dem Flanksteak anrichten.

 **300 °C** + **80–100 °C**

GRAND MUH
mit Paprikagemüse und Salzzitronen

Eine Zeitschrift zum Thema Essen und Lifestyle schickte vor einigen Jahren einen Redakteur los, um das beste Steak der Welt zu suchen. In Spanien wurde er fündig und stieß auf das ultimative Steak: Das Fleisch stammte von stattlichen, richtig gut genährten Mutterkühen, die schon im Alter von acht bis 15 Jahren waren und auch schon einmal oder sogar mehrmals gekalbt hatten. Dirk Ludwig, ein Metzger aus Schlüchtern, mit dem ich befreundet bin, bietet in seinem Geschäft genau dieses Fleisch von heimischen Kühen unter dem Namen »Grand Muh – Oma Kuh« an. Auch für mich wahrlich das beste Steak der Welt!

Für 4 Personen
4 Scheiben »Grand Muh« (Rumpsteak, etwa 2,5 cm dick)
Salz
schwarzer Pfeffer, grob gemahlen
Olivenöl

Für das Paprikagemüse
3 große Spitzpaprikaschoten
3 EL Olivenöl
1 EL fein gehackte Salzzitrone plus
2–3 dünne Scheiben Salzzitrone (s. S. 31)
½ TL Pimentón (Räucherpaprikapulver)
schwarzer Pfeffer, grob gemahlen

Vorbereitung: 10 Min.
Grillzeit: 14 Min.

1. Für das Paprikagemüse die Paprika längs halbieren, entkernen, waschen und in 3 cm breite Streifen schneiden. Auf dem Rost bei direkter Hitze (250–300 °C) auf jeder Seite 2–3 Minuten grillen. Öl und gehackte Salzzitrone mischen, mit Pimentón und Pfeffer würzen.

2. Die Grand Muh salzen und auf dem Rost auf jeder Seite 4 Minuten grillen. Anschließend bei indirekter Hitze (120 °C) mit geschlossenem Deckel 4–5 Minuten ziehen lassen. Das Fleisch in Streifen schneiden und mit Salz, Pfeffer und Öl würzen.

3. Die Paprika auf Teller verteilen und mit dem Salzzitronenöl beträufeln. Die Grand-Muh-Scheiben darauf anrichten und mit den Salzzitronenscheiben garnieren.

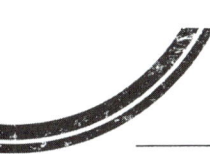

ALTERNATIV ZUR GRAND MUH KÖNNEN SIE AUCH EIN ANDERES TROCKEN GEREIFTES RUMPSTEAK VERWENDEN. WICHTIG IST NATÜRLICH AUCH HIER, AUF ALLERBESTE QUALITÄT ZU ACHTEN.

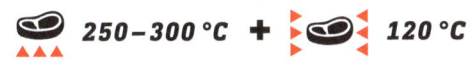
250–300 °C + **120 °C**

ROASTBEEF
im Kräutermantel

Roastbeef mache ich immer gerne, wenn mehrere Leute am Tisch sitzen. Ich bereite es je nach Jahreszeit mal mit Kräutern auf dem klassischen Grill, mal rauchig auf dem BBQ-Smoker zu. Auch die Beilage zum Roastbeef, das Kartoffelgratin, variiert je nach Jahreszeit. Mal gebe ich außer Kartoffeln noch Pastinaken, mal Kohlrabi, mal Birnen dazu. Sollte vom Roastbeef etwas übrig bleiben, lässt es sich fein aufgeschnitten wunderbar kalt essen.

Für 6–8 Personen
1,5 kg Roastbeef
je 1 EL Rosmarin, Thymian, Oregano, Minze, Salbei und Basilikum, fein gehackt
3 EL Olivenöl
grobes Meersalz
schwarzer Pfeffer, grob gemahlen

Vorbereitung: 15 Min.
Grillzeit: 2 Std.

1. Den Fettdeckel und die Sehnen vom Roastbeef abschneiden. Kräuter und Öl mit 2–3 TL Meersalz und Pfeffer zu einer Paste vermischen. Das Roastbeef großzügig damit einreiben.

2. Das Fleisch auf dem Rost bei indirekter Hitze (140 °C) mit geschlossenem Deckel grillen, bis eine Kerntemperatur von 58 °C erreicht ist. Das kann je nach Rasse, Alter, Haltung und Reife des Fleisches knapp 2 Stunden dauern. Das fertige Roastbeef in Scheiben schneiden und mit dem Kartoffel-Kohlrabi-Gratin servieren.

 140 °C

 **BEILAGE**

KARTOFFEL-KOHLRABI-GRATIN

1 kg festkochende Kartoffeln
1 großer Kohlrabi, 300 ml Milch
250 g Sahne, 2 Eier, grobes Meersalz
schwarzer Pfeffer, grob gemahlen
180 g würziger Hartkäse (z. B. Bergkäse), gerieben

Vorbereitung: 15 Min.
Grillzeit: 40 Min.

Kartoffeln und Kohlrabi schälen, in feine Scheiben schneiden, mischen und in einen feuerfesten Bräter geben. Milch, Sahne und Eier verquirlen und mit Salz und Pfeffer würzen. Über die Kartoffel-Kohlrabi-Mischung geben und mit Käse bestreuen. Die Form in den Backofen oder auf den Rost stellen und das Gratin bei indirekter Hitze (200 °C) mit geschlossenem Deckel 30–40 Minuten garen.

 200 °C | Bräter

BEEF BRISKET

Wieder ein besonderes Stück aus der Welt des BBQ. Bei den Meisterschaften ist dieser Gang die Königsdisziplin. Wenn Sie ein Brisket machen, müssen Sie vor allem eins mitbringen: viel Zeit. Je niedriger die Temperatur im Grill, umso länger dauert das Ganze nämlich und umso zarter ist das Endergebnis. Ich habe bei meinem Rezept die flache Brust eines Wagyu-Rindes aus Vorarlberger Zucht genommen. Mittlerweile gibt es einige Züchter, die sich dieser edlen Rasse verschrieben haben. Das Rezept ist übrigens kein Wettkampf-Brisket, sondern eine Version, die viele satt macht! Durch die Größe des Briskets reicht das Gericht für viele Gäste. Falls etwas übrig bleibt, machen Sie einfach einen Rindfleischsalat oder ein paar gute Sandwiches.

Für 8 Personen
8 EL Basis-BBQ-Gewürzmischung (s. S. 20)
2 EL Kräuter der Provence
2,5–3 kg flache Rinderbrust
6 EL Olivenöl
6 Knoblauchzehen
4 EL Palmzucker
1 Sprühflasche, gefüllt mit Apfelsaft

Vorbereitung: 5 Min.
Marinierzeit: 10 Std.
Räucherzeit: 3 Std.
Garzeit: 14 Std.

1. Das BBQ-Gewürz mit den Kräutern der Provence mischen. Das Fleisch auf allen Seiten mit Öl einstreichen und mit der Gewürzmischung einreiben. In Frischhaltefolie einwickeln und an einem kühlen Ort 8–10 Stunden marinieren.

2. Den Smoker anfeuern. Den Knoblauch schälen, im Küchenmixer oder Blitzhacker pürieren und mit dem Palmzucker vermischen. Das Fleisch aus der Folie nehmen und die Oberseite großzügig mit der Knoblauch-Zucker-Mischung bestreichen.

3. Das Fleisch im Smoker bei indirekter Hitze (80 °C) mit geschlossenem Deckel etwa 3 Stunden räuchern. Dann die Temperatur auf 100 °C erhöhen und das Fleisch mit geschlossenem Deckel 10–14 Stunden garen, bis eine Kerntemperatur von 90–92 °C erreicht ist. Während der Garphase das Brisket etwa alle 2 Stunden mit Saft besprühen. Zum Servieren das Brisket in Scheiben schneiden. Dazu passen Weiße Bohnen mit Kapern (s. S. 139), Coleslaw (s. S. 143) oder Grüne Bohnen und getrocknete Tomaten (s. S. 168).

80–100 °C | ***Smoker + Buchenholz***

FLAT IRON
mit Paprika-Artischocken-Gemüse

Das Flat Iron ist ein Zuschnitt aus Amerika. Mit etwas Geschick bekommt man aus einem eher preiswerten Fleisch – dem Schulterscherzel, wie man es bei uns in Österreich nennt, beziehungsweise dem Schaufel- oder Mittelbugstück, wie es in Deutschland heißt – ein tolles Endprodukt. Das Flat Iron schneidet man aus dem langgezogenen, dünnen Teil. Aber auch der mit Knorpel durchzogene dicke Teil lässt sich sehr gut verwenden. Ich mache daraus gerne einen Eintopf oder löse den Knorpel aus und schneide Steakstreifen aus den Abschnitten.

Für 4–6 Personen
1 Schulterscherzel, Schaufelstück oder
Mittelbugstück vom Rind (1,5–1,8 kg)
Salz

Für das Paprika-Artischocken-Gemüse
2 gelbe Paprikaschoten
2–3 EL Olivenöl
10–15 Artischockenherzen (aus dem Glas)
1 Handvoll schwarze Oliven
1 Bund Thymian
schwarzer Pfeffer, grob gemahlen

Vorbereitung: 10 Min.
Grillzeit: 10 Min. (Fleisch) | 6 Min. (Gemüse)
Ruhezeit: 8 Min.

1. Die Plancha bei direkter Hitze (250 °C) vorheizen. Den breiten Teil (Kopf) des Fleisches abtrennen und für eine andere Verwendung aufheben (z. B. für Mini-Steaks, s. S. 163). Das übrige Fleischstück entlang der Mittelsehne durchschneiden. Die Sehnen und Knorpel herausschneiden und entfernen. Das Fleisch salzen und auf dem Rost bei direkter Hitze (250–300 °C) auf jeder Seite 3–5 Minuten grillen. Danach bei indirekter Hitze (100 °C) mit geschlossenem Deckel noch etwa 8 Minuten ruhen lassen.

2. Für das Paprika-Artischocken-Gemüse die Paprikaschoten längs halbieren, entkernen, waschen und in breite Streifen schneiden. Etwas Öl auf die vorgeheizte Plancha geben und Paprikastreifen, Artischockenherzen, Oliven und Thymian darauf verteilen. Alles unter Wenden 5–6 Minuten grillen, bis die Paprikastreifen noch bissfest sind und schöne Röstaromen entwickelt haben. Mit Salz und Pfeffer würzen.

3. Das Fleisch in dünne Scheiben schneiden, mit Salz und Pfeffer würzen und mit dem Paprika-Artischocken-Gemüse servieren. Nach Belieben noch mit etwas Öl beträufeln.

 250–300 °C + **100 °C**

PORTERHOUSE

mit gegrillten Zwiebeln und Rucolasalat

Dieses Rezept ist an die berühmte »Bistecca fiorentina« angelehnt, die ich schon öfters in der Toskana gegessen habe. Die gegrillten Zwiebeln geben dem Gericht noch einen gewissen Kick. Ich verwende für meine Version ein Dry-Aged-Porterhouse. Für einen perfekten Gargrad ist hier übrigens ein Kerntemperaturmesser empfehlenswert.

Für 4 Personen
1 Porterhouse Steak (etwa 1 kg)
Salz

Für die Zwiebeln und den Rucola
1 Bund Rucola
Olivenöl
Saft von ½ Zitrone
schwarzer Pfeffer, grob gemahlen
1 große weiße Zwiebel
1 Stück Parmesan

Vorbereitung: 10 Min.
Grillzeit: 8 Min. (Fleisch) | 10 Min. (Zwiebelringe)
Ruhezeit: 20 Min.

1. Das Steak salzen und auf dem Rost bei direkter Hitze (300 °C) 3–4 Minuten grillen. Das Steak wenden und auf der zweiten Seite ebenfalls 3–4 Minuten grillen. Einen Kerntemperaturmesser in das Fleisch stecken und das Steak bei indirekter Hitze (120 °C) mit geschlossenem Deckel bis zu einer Kerntemperatur von 54–56 °C ruhen lassen. Das dauert etwa 20 Minuten.

2. Für die Zwiebeln und den Rucola die Plancha bei direkter Hitze (300 °C) vorheizen. Den Rucola waschen, trocken schütteln und mit etwas Öl, dem Zitronensaft, Salz und Pfeffer marinieren.

3. Die Zwiebel schälen und in feine Ringe schneiden. Etwas Öl auf die vorgeheizte Plancha geben und die Zwiebelringe darauf unter ständigem Wenden 8–10 Minuten grillen, bis sie schön braun und weich sind.

4. Sobald das Steak die Kerntemperatur erreicht hat, vom Grill nehmen, in Scheiben schneiden und mit Zwiebeln und Rucolasalat servieren. Den Parmesan mit einem Sparschäler darüberhobeln.

300 °C **+** 120 °C

LAMM &
WILD

LAMMFILET
mit Zitronen-Thymian-Butter

Lammfilet mit Zitronen-Thymian-Butter auf angegrilltem Brot serviert – das ist der perfekte Einstieg in einen mediterranen Grillabend. Durch das Grillen verliert die weiße Haut der Zitrone ihre Bitterkeit und bekommt einen leicht nussigen Geschmack.

Für 4 Personen

2 Knoblauchzehen
1 EL gehackte Thymianblättchen
1 TL gehackte Minzeblätter
grobes Meersalz
weißer Pfeffer, grob gemahlen
100 g weiche Butter
8 Weißbrotscheiben
2 Bio-Zitronenscheiben
8 Lammfilets (à 60–80 g)
Salz

Vorbereitung: 10 Min.
Grillzeit: 4 Min.
Ruhezeit: 8 Min.

1. Den Knoblauch schälen, sehr fein hacken und in eine kleine Schüssel geben. Thymianblättchen, Minzeblätter, ½ TL Salz und 1 TL Pfeffer dazugeben. Die weiche Butter hinzufügen und gut mit den Gewürzen vermischen. Beiseitestellen.

2. Das Weißbrot und die Zitronenscheiben auf dem Rost bei direkter Hitze (250–300 °C) auf jeder Seite kurz grillen, bis sie Röstaromen entwickelt haben.

3. Die Lammfilets salzen und auf dem Rost auf jeder Seite 2 Minuten grillen. Bei indirekter Hitze (80–100 °C) mit geschlossenem Deckel 6–8 Minuten ruhen lassen.

4. Die gegrillten Zitronenscheiben fein hacken und unter die Würzbutter mischen. Die Thymian-Zitronen-Butter auf die Brotscheiben streichen, jeweils 1 Lammfilet darauflegen und servieren.

250–300 °C + 80–100 °C

PULLED LAMB

Ich bereite dieses Gericht immer wieder gern zu, da es voller exotischer und interessanter Aromen ist. Ich grille auf diese Art auch ab und zu Wild oder Pute. Die Gewürze passe ich dann ein bisschen an.

Für 6–8 Personen
1 Lammschulter (etwa 1,5 kg)
4 EL Olivenöl
1 EL Universal-Grillgewürz (s. S. 18)
1 EL Ras el-Hanout (marok. Gewürzmischung)
100 ml Apfelsaft
8 EL saure Sahne
2 EL Garam Masala (ind. Gewürzmischung)
Salz
8 runde Pitabrote
1 Handvoll Korianderblätter zum Garnieren

Vorbereitung: 10 Min.
Grillzeit: 7 Std. (Fleisch) | 6 Min. (Brot)
Ruhezeit: 30 Min.

1. Die Lammschulter von grobem Fett befreien und mit dem Öl einreiben. Das Gewürzsalz mit Ras el-Hanout mischen und das Lamm damit rundherum gut einreiben. In einen feuerfesten Bräter setzen, den Apfelsaft dazugießen. Die Lammschulter bei indirekter Hitze (100 °C) mit geschlossenem Deckel bis zu einer Kerntemperatur von 85 °C ziehen lassen. Das kann je nach Rasse, Alter, Haltung und Reife des Lamms 6–7 Stunden dauern.

2. Das Fleisch an eine kühlere Stelle in der indirekten Zone des Grills legen und dort bei 70–80 °C mit geschlossenem Deckel 30 Minuten ruhen lassen. Dann zerzupfen und mit dem Sud im Bräter mischen. Saure Sahne mit Garam Masala verrühren, leicht salzen. Die Pitabrote auf dem Rost bei direkter Hitze (250–300 °C) auf jeder Seite 2–3 Minuten knusprig grillen. Mit Pulled Lamb belegen, etwas saure Sahne daraufgeben und mit Koriander servieren.

 70–100 °C + **250–300 °C** | **Bräter**

 **BEILAGE**

COUSCOUS MIT SCHOKOLADE UND CHILI

Für 4–6 Personen
200 g Instant-Couscous
400 ml Gemüsebrühe, erwärmt
4 EL Kakaopulver
1 TL Chiliflocken
Salz, weißer Pfeffer, grob gemahlen

Zubereitung: 15 Min.

1. Den Couscous in eine Schüssel geben, die warme Gemüsebrühe darübergießen und den Couscous 10 Minuten quellen lassen.

2. Dann Kakao und Chiliflocken unterrühren, salzen und pfeffern. Der raffiniert gewürzte Couscous passt perfekt zum Pulled Lamb. Einfach dazulöffeln oder direkt auf das Lamm geben.

LAMMKEULE

mit Kürbiskernöl, Balsamico und Rosmarin

Bei großen Grillstücken ist die Kerntemperatur ausschlaggebend. Je niedriger die Temperatur im Grillraum ist, umso schonender wird das Fleisch gegart und umso zarter ist es.

Für 4–6 Personen
4 EL Kürbiskernöl
4 EL Balsamico-Essig
1 EL fein gehackter Knoblauch
2 EL fein gehackte Rosmarinnadeln
1 Lammkeule (etwa 1,5 kg)
Salz
schwarzer Pfeffer, grob gemahlen

Vorbereitung: 15 Min.
Marinierzeit: 2 Std.
Grillzeit: 3 Std.

1. Öl, Essig, Knoblauch und Rosmarin zu einer Marinade verrühren. Die Lammkeule rundherum mit Salz und Pfeffer einreiben, in eine Schüssel legen. Die Marinade über das Fleisch geben und gut einmassieren. Zugedeckt etwa 2 Stunden marinieren, dabei immer wieder einmassieren.

2. Die Lammkeule auf dem Rost bei indirekter Hitze (120–140 °C) mit geschlossenem Deckel bis zu einer Kerntemperatur von 58 °C grillen. Das kann je nach Rasse, Alter, Haltung und Reife des Fleisches 2–3 Stunden dauern. Dann das Lamm an einer kühleren Stelle in der indirekten Zone bei 70–80 °C mit geschlossenem Deckel kurz ruhen lassen. Zum Servieren in Scheiben schneiden.

 120–140 °C | 70–80 °C |

 **BEILAGE**

GEGRILLTE AUBERGINE MIT MINZEPESTO

Passt perfekt zur Lammkeule! Ein toller Minzegeschmack und eine herrlich cremige Konsistenz. Ein einfaches Rezept mit großem Aha-Effekt.

Für 4 Personen
1 dicke Aubergine
1 Bund Minze, fein gehackt
5 EL Olivenöl, Salz
schwarzer Pfeffer, grob gemahlen

Vorbereitung: 10 Min.
Grillzeit: 30 Min.

1. Die Aubergine putzen und quer vierteln. Die Minze mit Öl, Salz und Pfeffer mischen.

2. Die Mischung jeweils auf eine Schnittfläche der Auberginenviertel verteilen. Die Auberginen im Backofen oder auf dem Rost bei indirekter Hitze (200 °C) mit geschlossenem Deckel etwa 30 Minuten sehr weich grillen.

 **200 °C |**

LAMMRACKS
mit frischen Kräutern

Ich liebe den Geschmack von perfekt gegrilltem Lamm mit einer dezenten Kräuternote. Ich bereite das Lamm gern bei ausschließlich indirekter Hitze auf dem Räucherbrett zu. So erreiche ich erstens eine gleichmäßige Hitze und zweitens verbrennen die Kräuter nicht, sondern ihr Aroma durchdringt das Fleisch von außen nach innen.

Für 4 Personen
2 Lammracks (à etwa 600 g)
Olivenöl
Salz
schwarzer Pfeffer, grob gemahlen
6 Stängel Minze
6 Zweige Rosmarin
6 Zweige Thymian
abgeriebene Schale von ½ Bio-Zitrone
1 Knoblauchknolle

Vorbereitung: 15 Min.
Grillzeit: 50 Min.

1. Von den Lammracks den Fettdeckel entfernen und die Knochen sauber frei schneiden. Die Knochen mit einem scharfen Messer blank putzen. Das Fleisch mit dem Öl einreiben und mit etwas Salz und Pfeffer würzen.

2. Die Kräuterstängel und -zweige waschen und gut trocken tupfen. Je 4 Kräuterstängel auf dem Räucherbrett verteilen und die Lammracks so darauf platzieren, dass die Knochen ineinandergreifen. Die restlichen Kräuter und die Zitronenschale auf die Lammracks geben und noch etwas Öl darüberträufeln. Die Knoblauchknolle im Ganzen quer halbieren und die Hälften jeweils an ein Ende der Racks auf das Räucherbrett legen.

3. Die Lammracks auf dem Räucherbrett bei indirekter Hitze (130–150 °C) mit geschlossenem Deckel bis zu einer Kerntemperatur von 58 °C grillen. Das kann je nach Rasse, Alter, Haltung und Reife des Lamms 40–50 Minuten dauern. Dazu passt geräucherter Spinat (s. S. 149).

130–150 °C

WINTERGRILLEN

Wenn's draußen kalt ist, macht's erst richtig Spaß!

Den Jahreszeiten trotzen und sich bei Schnee und Kälte an den Rost wagen: Was früher nur für hartgesottene Grillfreaks in Frage kam, ist heute zu Recht ein neuer Trend geworden. Bei uns zu Hause wurde im Winter immer schon gegrillt. Warum? Weil Grillen und BBQ für mich eine Art Lebenseinstellung sind, von der ich mich durch Wind und Wetter nicht abbringen lasse.

Wichtig ist, dass man Lebensmittel verwendet, die zur Saison passen. Leichte Sommerrezepte mit Spargel, Melone und mediterranen Gewürzen im Schnee zu grillen, das hat für mich nichts mit Wintergrillen zu tun. Im Winter gehört Deftigeres auf den Grill – Wild und Ente beispielsweise, begleitet von winterlichen Gewürzen und passenden Gemüsesorten wie Pastinaken und Pilzen.

Einige Dinge sind beim Wintergrillen zu beachten. So grille ich in der kalten Jahreszeit am liebsten mit Holz und Kohle. Beim Gasgrill muss man nämlich bei Temperaturen unter null darauf achten, dass der Gasschlauch nicht einfriert. Im Grillfachhandel gibt es mittlerweile allerdings Isolationszubehör, um dem Einfrieren vorzubeugen. Unverzichtbar sind natürlich wärmende Getränke für den Grillmeister – genauso wie für die Gäste.

Eine ganz eigene Erfahrung stellt für mich die entschleunigende Wirkung dar, die das Wintergrillen bietet. Anders als im Sommer lässt man sich für alles mehr Zeit und nimmt auch sein Umfeld viel intensiver war. Die Zeit vergeht gefühlt langsamer, das Knistern der Kohlen in der Stille einer schneebedeckten Landschaft hat eine außerordentlich beruhigende Wirkung – überzeugen Sie sich selbst! Überraschen Sie Familie und Freunde und laden Sie sie zu einer Grill- und BBQ-Party im Winter ein – Menüvorschläge finden Sie auf S. 232. Mit guter Planung und Vorbereitung sowie tollen Rezepten bereiten Sie allen ein unvergessliches Erlebnis.

WILDFLEISCH

Ein unterschätztes Lebensmittel

Leider spielt Wildfleisch in unserer Ernährung eine untergeordnete Rolle, obwohl es zu den gesündesten Fleischsorten überhaupt gehört. Wild ernährt sich von Gras, Kräutern, Wurzeln und Zweigen und führt ein Leben fern von Mast und Antibiotika. Erlegt durch einen gezielten Schuss, entgeht es dem Stress beim Schlachten. Das Jagen und Töten von Wild dient dabei nicht nur der Nahrungsbeschaffung, sondern auch der Regulierung des Bestandes und der Sicherung eines natürlichen Gleichgewichts im Wald.

Da ich Wild liebe, findet es bei mir regelmäßig den Weg auf den Grill. Mit ungewöhnlichen Gewürzkombinationen und Beilagen versuche ich dann, Wildfleisch aus einem anderen Blickwinkel zu zeigen. So entstehen oft komplett neue Gerichte, die mit der herkömmlichen Wildküche nichts mehr gemeinsam haben.

Grillen lässt sich übrigens jedes Teilstück vom Wild: Egal, ob Schulter, Keule, Filet oder Rücken – mit der richtigen Zubereitung wird daraus ein Hochgenuss. Wildfleisch stellt für jeden Grillmeister eine große Herausforderung dar. Da es eher mager ist und deshalb dazu neigt, trocken zu werden, sollte man die Kerntemperaturen (s. S. 12) genau einhalten. Für das perfekte Ergebnis setze ich von Anfang an auf die indirekte Hitze eines BBQ-Smokers bei der Zubereitung von größeren Fleischstücken. Sowohl hier als auch bei Kurzgebratenem spielt vor allem die Verwendung der richtigen Gewürzmischung eine große Rolle (s. S. 20-22).

Als Beilagen empfehle ich saisonales und regionales Gemüse. Nachhaltigkeit sollte meiner Meinung nach nicht bei der Auswahl des Fleisches aufhören. Selbst der Brennstoff sollte mit Respekt vor der Umwelt ausgewählt werden. Ein feines Dessert rundet das Wildmenü (s. S. 232) als gesundes und besonderes Essen ab.

REHRÜCKEN

gegrillt und geräuchert auf offenem Feuer

Eine ursprüngliche Zubereitungsart von Wild: mit Tannennadeln zart geräuchert und über der offenen Flamme gegrillt. Keine Angst vor der offenen Flamme. Da Wild praktisch kein Fett hat, verbrennt es nicht so schnell.

Für 4 Personen

1 kg Rehrücken (ausgelöst, Haut abgezogen)
5 frische Tannenzweigtriebe
Salz
5–7 frische Tannenzweige
3 EL Olivenöl
Saft von 1 Zitrone
2 EL Waldhonig
schwarzer Pfeffer, grob gemahlen
6 Erdbeeren
1 Schale Wildkräutersalat

Vorbereitung: 10 Min.
Grillzeit: 15 Min.

1. Den Rehrücken waschen, trocken tupfen und in vier gleich große Stücke schneiden. Die Tannenzweigtriebe sehr fein hacken und mit 2 TL Salz vermischen. Beiseitestellen.

2. Die älteren Tannenzweige in die Glut und das Fleisch darüber auf den Rost legen. Das Fleisch bei direkter Hitze (150 °C) im Tannenrauch ohne Deckel räuchern. Sobald sich die Nadeln entzünden, die Rehstücke mit der Grillzange ständig wenden, damit sie eine schöne Farbe bekommen.

3. Das Fleisch anschließend grillen, bis eine Kerntemperatur von 58 °C erreicht ist. Das dauert je nach Dicke des Fleisches 12–15 Minuten.

4. Das Öl mit dem Zitronensaft und dem Honig zu einer Marinade vermischen. Mit etwas Salz und Pfeffer abschmecken. Die Erdbeeren putzen und fein hacken. Den Kräutersalat waschen, trocken tupfen und auf Teller verteilen. Die Erdbeerwürfel untermischen und beides mit der Marinade beträufeln. Das Rehfleisch neben dem Salat anrichten und mit dem Tannensalz würzen.

150 °C

REHMEDAILLONS

mit schwarzen Nüssen und getrockneten Pflaumen

Für schwarze Nüsse werden unreife Walnüsse mit der grünen Schale tagelang gewässert, dann eingekocht und anschließend mehrere Wochen (bis Jahre) in Zuckerwasser eingelegt, dem manchmal auch Zimtrinde und Gewürznelken zugegeben werden. Die schwarzen Nüsse schmecken wunderbar zu Wild, aber auch zu Desserts.

Für 4 Personen
300 g Rehrücken (ausgelöst, Haut abgezogen)
2 EL Olivenöl
grobes Salz
1 EL fein gehackter Oregano
2 EL fein gehackter Thymian
3–4 schwarze Nüsse (eingelegte Walnüsse)
12–15 getrocknete Pflaumen
2 EL Sojasauce
schwarzer Pfeffer, grob gemahlen

Vorbereitung: 15 Min.
Grillzeit: 3 Min.

1. Den Rehrücken waschen und trocken tupfen. Mit dem Öl einreiben. 1 TL Salz mit dem Oregano und dem Thymian vermischen und den Rehrücken rundherum mit der Mischung einreiben. Die Enden dabei nicht würzen. Den Rehrücken in etwa 1,5 cm dicke Medaillons schneiden.

2. Die schwarzen Nüsse fein hacken und beiseitelegen. Die getrockneten Pflaumen ebenfalls fein hacken und mit Sojasauce und Pfeffer vermischen. Die Mischung auf so viele Servierlöffel verteilen, wie Rehmedaillons vorhanden sind.

3. Die Rehmedaillons auf dem Rost bei direkter Hitze (250–300 °C) auf jeder Seite 1½ Minuten grillen, dabei aufpassen, dass die Kräuter nicht verbrennen. Je 1 Rehmedaillon auf jede Portion Pflaumenmischung im Servierlöffel setzen und mit den gehackten schwarzen Nüssen garnieren.

250–300 °C

SALTIMBOCCA VOM REH

Macht sich auch gut als kleine, feine Vorspeise.
Wild wird in diesem Rezept mal sommerlich interpretiert.

Für 4 Personen
20 Scheiben Rehrücken
(jeweils etwa 8 mm dünn)
20 Scheiben Lardo (fetter, italienischer Speck,
in der Größe der Rehrückenscheiben)
20 Salbeiblätter
Salz
schwarzer Pfeffer, grob gemahlen

Vorbereitung: 15 Min.
Grillzeit: 4 Min.

1. Die Plancha bei direkter Hitze (250–300 °C) vorheizen. Die Rehrückenscheiben waschen, trocken tupfen und etwas plattieren. Zuerst mit jeweils 1 Scheibe Lardo und dann mit je 1 Salbeiblatt belegen. Das Ganze vorsichtig mit kleinen Holzspießen fixieren.

2. Die belegten Fleischscheiben mit dem Speck nach unten auf die vorgeheizte Plancha legen und 2 Minuten grillen. Wenden und auf der zweiten Seite 1–2 Minuten (je nach Dicke des Fleisches) grillen. Mit Salz und Pfeffer würzen und sofort servieren. Dazu passen Portweinschalotten (s. S. 164).

 **250–300 °C**

REHRÜCKEN

mit Süßkartoffeln und Holunder-Vanille-Konfitüre

Rehrücken ist ein Klassiker im Herbst, wird in diesem Rezept aber sehr modern interpretiert. Mit Süßkartoffeln, Vanille und Holunder bietet das Rezept ein Spiegelbild der Jahreszeit. Ich liebe dieses Gericht und bereite es gern für meine Familie zu.

Für 4 Personen
2 Süßkartoffeln
3–4 TL Holunderkonfitüre
Mark von 1 Vanilleschote
schwarzer Pfeffer, grob gemahlen
800 g Rehrücken (ausgelöst, Haut abgezogen)
1 EL Zucker
Olivenöl
grobes Meersalz
1 EL Wildgewürz (s. S. 20)

Vorbereitung: 10 Min.
Grillzeit: 6 Min. (Fleisch) | 10 Min. (Süßkartoffeln)
Ruhezeit: 10 Min.

1. Die Süßkartoffeln schälen und in etwa 1 cm dicke Scheiben schneiden. Die Holunderkonfitüre mit dem Vanillemark vermischen und mit Pfeffer abschmecken.

2. Den Rehrücken waschen und trocken tupfen. In vier gleich große Stücke schneiden, mit dem Zucker bestreuen und auf dem Rost bei direkter Hitze (250–300 °C) auf jeder Seite 3 Minuten grillen. In die indirekte Zone legen und bei 100 °C mit geschlossenem Deckel je nach gewünschtem Gargrad 8–10 Minuten ruhen lassen.

3. Die Süßkartoffelscheiben mit etwas Öl einstreichen und auf dem Rost bei direkter Hitze (250–300°) auf jeder Seite 4–5 Minuten grillen, bis sie weich sind.

4. Die Süßkartoffelscheiben auf Teller verteilen und leicht salzen. Den Rehrücken darauf anrichten und mit dem Wildgewürz bestreuen. Mit etwas Holunder-Vanille-Konfitüre garnieren.

 **250–300 °C** + **100 °C**

WILDPRALINEN

Dieses Rezept entstand eigentlich zufällig. Ich war mit meiner Frau und Freunden bei einem Kulinarikfestival. Dort bereitete ich einen Hirschrücken am BBQ-Smoker zu. Als ich am Nachmittag mit meinem Freund Wolfi den Hirschrücken parierte, hatten wir viele Abschnitte, die ich zu Tatar zerkleinerte und dann zu Kugeln formte. Ich grillte die Kugeln und wälzte sie anschließend in einer Nuss-Gewürz-Mischung. Dann verteilte ich sie an die ersten Gäste. Auf die Frage eines Gastes, wie diese Köstlichkeit denn heiße, antwortete Wolfi wie aus der Pistole geschossen: »Wildpraline!« Schon hatten wir einen passenden Namen und die Wildpralinen wurden seitdem öfters für glückliche Genießer zubereitet.

Für 12 Stück

400 g Wildhackfleisch
(von Reh oder Hirsch)
1 EL Wildgewürz (s. S. 20)
2 EL Gin
6 EL gemahlene Haselnüsse
1 EL geröstete Sesamsamen
grobes Meersalz
1 EL abgeriebene Schale von 1 Bio-Orange
1 EL Garam Masala (ind. Gewürzmischung)
1 gestr. EL gemahlener Schwarzkümmel
6 EL Olivenöl
6 EL Preiselbeerkompott (nach Belieben)
Shiso-Purple-Kresse zum Garnieren (nach Belieben)

Vorbereitung: 15 Min.
Grillzeit: 12 Min.

1. Das Hackfleisch mit dem Wildgewürz und dem Gin gut vermischen. Aus der Masse mit angefeuchteten Händen zwölf Kugeln formen und diese auf dem Rost bei indirekter Hitze (150 °C) mit geschlossenem Deckel 10–12 Minuten grillen.

2. Die gemahlenen Nüsse mit Sesam, 1 ½ TL Salz, Orangenschale, Garam Masala und Schwarzkümmel mischen und in eine flache Schale geben. Das Öl ebenfalls in eine flache Schale geben. Die gegrillten Hackfleischkugeln zuerst im Öl, dann in der Nussmischung wälzen, sodass sie rundherum davon überzogen sind.

3. Die Wildpralinen nach Belieben auf Preiselbeerkompott anrichten und mit der Kresse garnieren.

150 °C

WILD-PITA

mit gegrillter Birne und Preiselbeerpfeffer

Wild ist und bleibt mein Herzensthema. Bei uns in Vorarlberg haben wir praktisch das ganze Jahr Zugang zu frischem Reh oder Wildschwein. Ich bemühe mich, bei fast jedem meiner Grillkurse ein Stück Wild zuzubereiten, denn ich möchte den Menschen die Angst vor dem Produkt nehmen. Das Wild, das wir heute bekommen, hat nichts mehr mit dem Wild von früher zu tun: Wild lebt heute ohne Stress in freier Natur, ernährt sich gesund, wird fachmännisch erlegt und zerwirkt. So wird uns ein ehrliches, hochwertiges und sehr wichtiges Lebensmittel zur Verfügung gestellt.

Für 4 Personen
1 große Birne
4 Pitabrote
1 kleine Rehnuss (etwa 800 g)
2 EL Olivenöl
3 TL Wildgewürz (s. S. 20)
4 EL gepfefferte Preiselbeeren (s. S. 27)

Vorbereitung: 5 Min.
Grillzeit: 5 Min. (Fleisch) | 4 Min. (Birne)
Ruhezeit: 45 Min.

1. Die Birne waschen, halbieren, vom Kerngehäuse befreien und in dünne Scheiben schneiden. Die Scheiben auf dem Rost bei direkter Hitze (250 °C) auf jeder Seite 1–2 Minuten grillen, bis ein schönes Grillmuster entsteht. Die Brote ebenfalls auf jeder Seite grillen, bis sie ein Grillmuster bekommen.

2. Die Rehnuss waschen und trocken tupfen. Auf dem Rost bei direkter Hitze (250–300 °C) rundum 5 Minuten angrillen, damit Röstaromen entstehen. Dann bei indirekter Hitze (120–140 °C) mit geschlossenem Deckel 45 Minuten bis zu einer Kerntemperatur von 60–62 °C ziehen lassen.

3. Die Rehnuss in feine Scheiben schneiden und in eine Schale legen. Mit dem Öl beträufeln und mit dem Wildgewürz würzen, alles gut vermischen. In die Pitabrote jeweils seitlich eine Tasche schneiden, zuerst die Birnen, dann das Fleisch und zum Schluss je 1 EL Preiselbeerpfeffer hineinfüllen. Sofort servieren.

250–300 °C + 120–140 °C

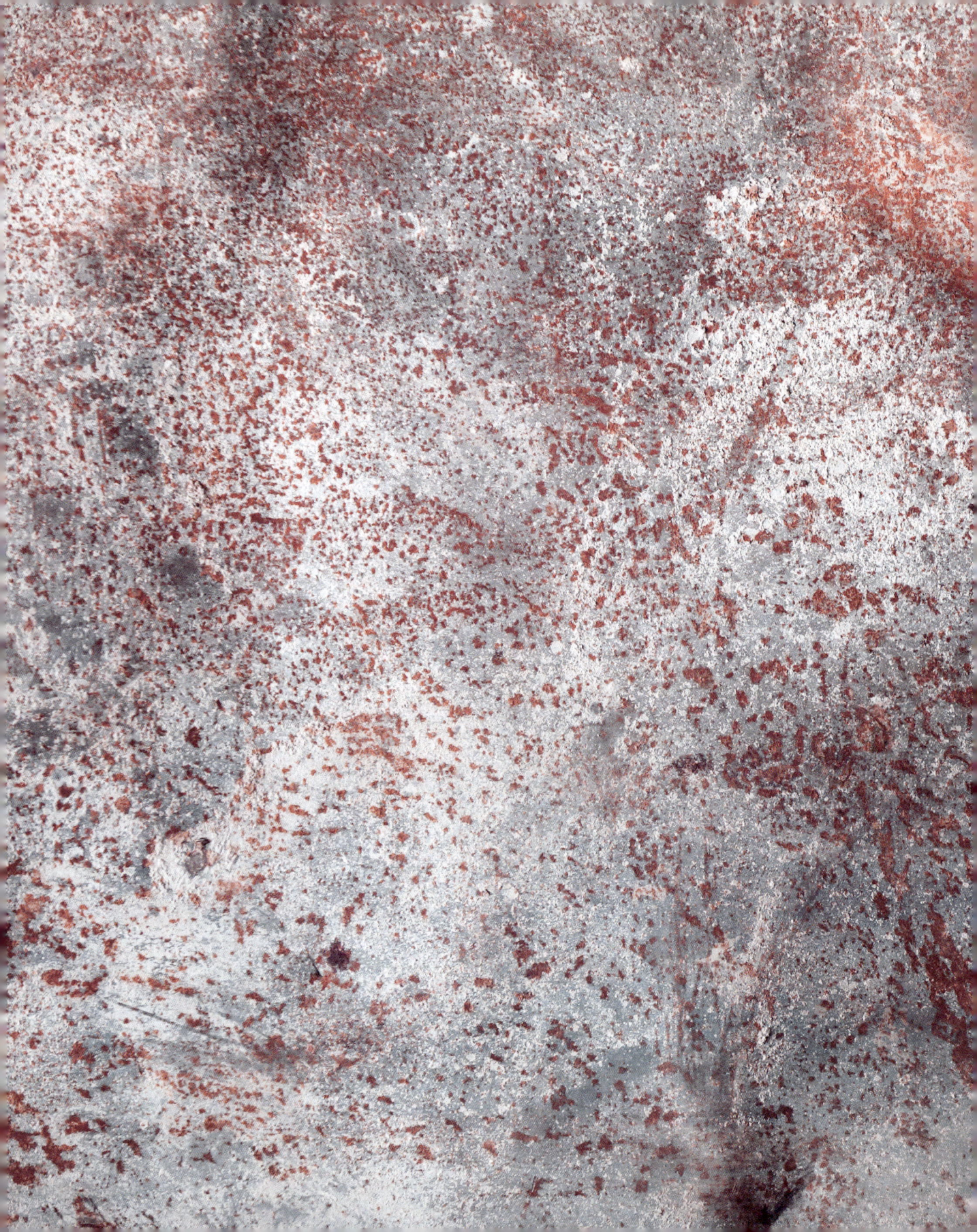

DESSERTS

GEGRILLTE NEKTARINEN
mit Passionsfrucht

Ein kleines, aber sehr feines Dessert, das durch die raffiniert ausgewählten, aber leicht erhältlichen Zutaten besticht. Ganz wichtig ist dabei der schwarze Pfeffer als pfiffige Ergänzung. Viel Spaß mit diesem Genuss!

Für 4 Personen
2 Nektarinen
Whiskey
1 Passionsfrucht
50 g Topfen
50 g Schafjoghurt
1 EL Honig
1 Spritzer Zitronensaft
2 Scheiben Brioche (nach Belieben)
schwarzer Pfeffer, grob gemahlen

Vorbereitung: 5 Min.
Grillzeit: 8 Min.

1. Die Plancha bei direkter Hitze (250°C) vorheizen. Die Nektarinen waschen, halbieren und entsteinen. Auf die vorgeheizte Plancha legen und auf jeder Seite 3–4 Minuten grillen. Mit etwas Whiskey beträufeln und flambieren.

2. Die Passionsfrucht halbieren und Fruchtfleisch und Kerne mit einem Teelöffel herauslösen. Mit Topfen, Joghurt, Honig und Zitronensaft verrühren.

3. Nach Belieben die Brioches auf dem Rost knusprig grillen und mit Nektarinen und Topfencreme anrichten. Mit Pfeffer bestreut servieren.

 250 °C

GEGRILLTE WASSERMELONE

mit Rosmarinzucker

Das Dessert ist ein wichtiger Bestandteil jedes Grillmenüs. Dass es bei mir immer auf dem Grill zubereitet wird, ist selbstverständlich. Wie bei vielen anderen Dingen ist auch beim Dessert weniger mehr. Meistens haben die Gäste eigentlich schon genug gegessen und sind satt, darum bereite ich gern – vor allem im Sommer – zum Abschluss des Abends gegrilltes Obst zu.

Für 4 Personen
1 kleine Wassermelone
1 EL getrockneter Rosmarin
2 EL brauner Zucker

Vorbereitung: 10 Min.
Grillzeit: 4 Min.

1. Die Wassermelone mit Schale in etwa 3 cm dicke Scheiben schneiden. Die Scheiben anschließend vierteln. Den Rosmarin im Mörser fein zerstoßen und mit dem Zucker mischen.

2. Die Melonenstücke auf den Rost legen und bei direkter Hitze (250–300 °C) auf jeder Seite etwa 2 Minuten grillen. Mit dem Rosmarinzucker bestreuen und sofort servieren.

DIE WASSERMELONE SIEHT AUF DEN ERSTEN BLICK NICHT SO AUS, ALS OB SIE ZUM GRILLEN GEEIGNET WÄRE. IN VERBINDUNG MIT EINEM TOLLEN GEWÜRZ ZEIGT SIE ABER IHR WAHRES GESICHT. LASSEN SIE SICH ÜBERRASCHEN!

 **250–300 °C**

GEGRILLTE ANANAS

mit Kokos-Basilikum-Creme

Ein tolles Dessert für heiße Grillabende im Sommer. Die Kombination von Kokos und Basilikum ist wirklich ein Volltreffer. Klingt auf den ersten Blick vielleicht etwas schräg, passt aber perfekt.

Für 4 Personen
1 Baby-Ananas mit Blättern
etwa 5 EL Kokosblütenzucker (ersatzweise ein anderer Palmzucker)
150 g Mascarpone
4 EL Kokosraspel
15 Basilikumblätter

Vorbereitung: 10 Min.
Grillzeit: 12 Min.

1. Die Baby-Ananas der Länge nach vierteln und den Strunk herausschneiden. Dabei darauf achten, dass die Blätter an der Frucht bleiben. Die Blätter jeweils mit einem Bogen Aluflolie umwickeln, damit sie auf dem Grill nicht verbrennen.

2. Die Schnittflächen der Ananasviertel mit etwas Kokosblütenzucker bestreuen. Jede Schnittfläche auf dem Rost bei direkter Hitze (200–250 °C) 4–6 Minuten grillen. Dabei, wenn möglich, die eingepackten Blätter aus dem Grill hinausragen lassen.

3. Den Mascarpone mit dem übrigen Kokosblütenzucker und den Kokosraspeln vermischen. Die Basilikumblätter waschen, trocken tupfen, fein hacken und unterheben. Die Ananasviertel aus der Alufolie wickeln, auf Teller verteilen und die Kokos-Basilikum-Creme darauf anrichten.

KOKOSBLÜTENZUCKER IST EIN WICHTIGER BESTANDTEIL DES REZEPTS. DIESER AUS DEN BLÜTEN VON KOKOSPALMEN GEWONNENE ZUCKER IST MITTLERWEILE IM REFORMHAUS ODER AUCH IN GROSSEN SUPERMÄRKTEN SEHR GUT ERHÄLTLICH.

 **200–250 °C**

BRATÄPFEL
mit gegrilltem Panettone

Bei diesem Rezept habe ich versucht, den Winter auf den Teller zu bringen – mit ganz typischen Komponenten wie Bratapfel und Panettone, die wir mit der kalten Jahreszeit in Verbindung bringen.

Für 4 Personen
1 kleiner Panettone
4 kleine Äpfel
4 Nougat-Schokoladen-Kugeln
4 EL Mandel-Tonka-Creme (aus dem Bioladen,
nach Belieben, siehe Tipp)
Puderzucker zum Bestäuben (nach Belieben)

Vorbereitung: 15 Min.
Grillzeit: 30 Min.

1. Aus dem Panettone vier gleich große Streifen (etwa 2 x 2 x 5 cm) schneiden, den Rest fein hacken. Die Panettonestreifen auf dem Rost bei direkter Hitze (200 °C) auf allen Seiten kurz grillen, bis sie Farbe annehmen.

2. Die Äpfel waschen und jeweils das obere Drittel mit Stiel abschneiden. Die Äpfel mit dem Kugelaus-stecher aushöhlen. Jeweils 1 Nougat-Schokoladen-Kugel in jeden Apfel setzen und die Hohlräume um die Kugel herum mit gehacktem Panettone füllen. Die Deckel wieder auf die Äpfel setzen.

3. Die Äpfel auf dem Rost bei indirekter Hitze (200 °C) mit geschlossenem Deckel 30 Minuten grillen, bis sie weich sind.

4. Nach Belieben etwas Mandel-Tonka-Creme auf Teller streichen und je 1 Bratapfel und 1 gegrilltes Panettonestück daraufsetzen. Das Dessert nach Belieben mit etwas Puderzucker bestäuben.

SCHAUEN SIE AM BESTEN EINFACH, WAS FÜR EINE CREME SIE IM BIOLADEN FINDEN. ICH MAG GERNE TONKABOHNE, ES GEHT ABER AUCH MANDEL ODER EBEN EINE MISCHUNG AUS BEIDEM.

200 °C + **200 °C**

MINI-PFANNKUCHEN
mit Pflaumen

Die kleinen Pfannkuchen sind eine schnell gemachte, aber unheimlich leckere Nachspeise. Als Stapel angerichtet mit Konfitüre und Früchten dazwischen machen sie auch optisch etwas her. Den Stapel einfach in die Mitte des Tisches stellen und jeder kann sich selbst bedienen.

Für 8–10 Stück
4 Eier
Salz
400 ml Milch
400 g Mehl
200 g Zucker
1 EL Butter
6 Pflaumen
Mark von 1 Vanilleschote
6 EL Pflaumenkonfitüre
Puderzucker zum Bestäuben

Vorbereitung: 15 Min.
Grillzeit: 4 Min. (pro Pfannkuchen) |
2 Min. (Pflaumen)

1. Die Plancha bei direkter Hitze (200–250 °C) vorheizen. Die Eier trennen und die Eiweiße mit 1 Prise Salz zu steifem Schnee schlagen. Die Eigelbe mit Milch, Mehl und Zucker mit dem Handrührgerät oder in der Küchenmaschine zu einem glatten Teig verrühren. Den Eischnee mit einem Teigspatel unterheben.

2. Die Butter auf der vorgeheizten Plancha schmelzen. Eine Teigportion auf die Plancha gießen und rasch zu einem möglichst runden Fladen von etwa 10 cm Durchmesser verteilen. Den Pfannkuchen auf jeder Seite 1–2 Minuten backen, bis er goldgelb ist. Auf diese Weise 8–10 Pfannkuchen backen, bis der Teig verbraucht ist. Fertige Pfannkuchen warm halten.

3. Die Pflaumen waschen, halbieren und entsteinen. Auf dem Rost bei direkter Hitze (250 °C) auf der Schnittfläche 1–2 Minuten grillen, bis sie Röstaromen entwickelt haben. Anschließend fein hacken, mit dem Vanillemark unter die Pflaumenkonfitüre mischen und zu den Pfannkuchen servieren. Mit Puderzucker bestäuben.

AUCH DIESES REZEPT LÄSST SICH JE NACH SAISON WUNDERBAR VARIIEREN: MAL MIT APRIKOSENKONFITÜRE UND FRISCHEN APRIKOSEN ODER IM FRÜHSOMMER MIT ERDBEERKONFITÜRE UND FRISCHEN ERDBEEREN. EIN DESSERT, DAS RUND UMS JAHR GROSS UND KLEIN ERFREUT!

 **200–250 °C**

BLÄTTERTEIGROSEN

Dieses schnelle Dessert kann mit unterschiedlichen Früchten zubereitet werden. Auch hier variiere ich wieder je nach Saison. Wichtig ist nur, dass Sie Fertigblätterteig in sehr guter Qualität nehmen.

Für 4 Personen
1 Rolle Blätterteig (Fertigprodukt)
1 Apfel
1 Banane
1 Aprikose
1 Kiwi
3–4 Erdbeeren
Puderzucker zum Bestäuben
Vanilleeis zum Servieren (nach Belieben)

Vorbereitung: 20 Min.
Grillzeit: 30 Min.

1. Den Blätterteig auseinanderrollen und der Länge nach in vier gleich große Streifen schneiden. Den Apfel waschen, halbieren, das Kerngehäuse entfernen und die Hälften in dünne Scheiben schneiden. Die Banane schälen, halbieren und längs in feine Streifen schneiden. Die Aprikose waschen, halbieren, entsteinen und längs in dünne Scheiben schneiden. Die Kiwi schälen und ebenfalls der Länge nach in dünne Scheiben schneiden. Vier Muffinförmchen einfetten und bereitstellen.

2. Jeweils 1 fein aufgeschnittene Frucht so auf 1 Blätterteigstreifen verteilen, dass zwei Drittel auf dem Teig liegen und ein Drittel über den Teig hinausragt. Dann vorsichtig aufrollen und mit der Teigseite nach unten in ein Muffinförmchen stellen.

3. Auf diese Weise vier Küchlein herstellen. Die Förmchen auf den Rost stellen und die Blätterteigrosen bei indirekter Hitze (200 °C) mit geschlossenem Deckel 20–30 Minuten grillen.

4. Inzwischen die Erdbeeren putzen, waschen und in kleine Würfel schneiden. Die Blätterteigrosen aus den Muffinförmchen lösen und mit den Erdbeerwürfeln bestreuen. Mit Puderzucker bestäuben und nach Belieben mit Vanilleeis servieren.

200 °C | **Muffinförmchen**

GEGRILLTER FETA

mit Passionsfrucht und Rosa Pfefferbeeren

Käse und Frucht passt ja eigentlich immer. Mit der Passionsfrucht und dem Schafskäse kreieren wir eine richtig sommerliche Speise. Abgerundet mit den zerstoßenen Rosa Pfefferbeeren wird daraus ein besonderes Geschmacks- erlebnis zum Abschluss eines feinen Grillmenüs. Wichtig beim Grillen von Feta ist natürlich, dass dieser von bester Qualität ist (ich verwende nur fassgereiften Schafskäse vom Griechen meines Vertrauens) und dass die Plancha, auf der er gegrillt wird, richtig heiß ist, damit der Käse eine Kruste bildet.

Für 4 Personen
2 Scheiben Feta (Schafskäse, à 100 g)
2 Passionsfrüchte
2 TL Rosa Pfefferbeeren

Vorbereitung: 5 Min.
Grillzeit: 8 Min.

1. Die Plancha bei direkter Hitze (250–300 °C) vorheizen. Den Feta darauflegen und auf jeder Seite 3–4 Minuten grillen, bis er eine goldbraune Kruste bekommen hat. Anschließend auf einen Teller legen und mit zwei Gabeln grob zerkleinern.

2. Die Passionsfrüchte halbieren. Das Fruchtmark mitsamt den Kernen herauslösen und auf dem Schafskäse verteilen. Die Rosa Pfefferbeeren im Mörser zerstoßen und darüberstreuen.

 **250–300 °C**

GRILLEN MIT GENUSS, STIL & ATMOSPHÄRE

Grillen ist heute viel mehr als nur eine schnelle Art des Garens im Freien. Es ist ein Lebensgefühl, eine willkommene Gelegenheit, Zeit mit Familie und Freunden zu verbringen und qualitativ hochwertige Lebensmittel auf kreative Weise zuzubereiten. Das Grillereignis als solches wird zelebriert und darf nicht nur, sondern soll sogar seine Zeit brauchen. Natürlich muss nicht immer gleich ein großes Stück Fleisch über mehrere Stunden geschmort werden, es gibt auch schnelle, einfache Gerichte, die genauso köstlich sind. Doch auch die sollte man in einem schönen Umfeld in entspannter Atmosphäre grillen und genießen.

Das fängt an bei einem schön gedeckten Tisch. Viele machen sich diese Mühe nicht – es wird ja »nur« gegrillt. Dabei finde ich das gerade bei einem Grillabend äußerst wichtig. Da fühlen sich die Gäste wohl und das Gesamtbild wird um einiges aufgewertet. Ich gebe jedoch ganz offen zu, dass meine Frau das bessere Gespür für ein schönes und gemütliches Ambiente hat und ich daher an dieser Stelle meistens schnell das Feld räume.

Mir ist es wichtig, möglichst alle – so gut es geht – am Grillprozess teilhaben zu lassen, denn das trägt ebenfalls zu Stimmung und Atmosphäre bei. Eine gute Wurst schmeckt mir persönlich beispielsweise am besten, wenn ich sie auf einen Stecken aufgespießt in geselliger Runde am Lagerfeuer sitzend grille. Einfach, weil es so viel gemütlicher ist, als wenn einer alleine am Grill steht und alle anderen am Tisch warten, bis endlich der Teller, vollgeladen mit Grillwürsten, gebracht wird.

Wenn ich zu einem Grillabend einlade, grille ich am liebsten eine ganze Menüfolge – von der Vorspeise bis zum Dessert. Und ich biete meinen Gästen gern an, sich zu mir an den Grill zu gesellen, damit sie bei der Entstehung der einzelnen Gänge dabei sind und die eine oder andere Kostprobe direkt vom Rost naschen können. Wichtig sind bei einem Mehr-Gänge-Menü natürlich Planung und Vorbereitung.

GUT GEPLANT IST HALB GEGRILLT

Ein erfolgreicher Grillabend will sorgfältig geplant sein. Überlegen Sie sich, was Sie Ihren Gästen servieren möchten. Legen Sie eine Menüfolge fest und machen Sie sich einen Plan, was wann auf den Grill muss. Ich achte beim Zusammenstellen eines Menüs immer darauf, dass ich möglichst viel vorbereiten kann. Lesen Sie sich die ausgewählten Rezepte also mehrmals aufmerksam durch, legen Sie sich alle Zutaten und Hilfsmittel, die Sie benötigen, zurecht und decken Sie liebevoll den Tisch – oder delegieren Sie letztere Aufgabe.

Wenn alles gut vorbereitet ist, können Sie gemütlich einen Gang nach dem anderen grillen und haben noch Zeit, sich um Ihre Gäste zu kümmern. So lässt sich über den ganzen Abend die Spannung hoch halten und Sie dürfen die Gäste immer wieder mit neuen kulinarischen Highlights überraschen.

Gern stimme ich die Getränke auf die angebotenen Speisen ab – egal, ob alkoholfrei, Wein oder Bier. Ich halte mich dabei an keine Regeln. Wenn es passt, reiche ich auch Rotwein zu Fisch oder serviere einen Zwischengang mit Bier. Wichtig ist nur, dass es schmeckt. Denken Sie also schon im Vorfeld daran, genügend temperierte Getränke passend zu Ihrem Menü griffbereit zu halten. Mit »temperiert« meine ich gekühlt im Sommer und zimmerwarme Getränke beim Wintergrillen.

Auf den Seiten 230–233 finden Sie einige Vorschläge für verschiedene Grillmenüs mit Rezepten aus diesem Buch.

BEILAGEN

Was passt zu was?

FLADENBROT MIT TOMATE, BASILIKUM UND KNOBLAUCH (S. S. 61) PASST ZU:
Mediterrane Garnelen (s. S. 41) | Garnelen mit Basilikum-Rucola-Butter (s. S. 96) |
Ganze Forelle (s. S. 111) | Wolfsbarsch mit Kapernöl (s. S. 112) | Wutze Wampe (s. S. 141)

FLADENBROT MIT KÄSE UND BIRNEN (S. S. 62) PASST ZU:
Pulled Lamb (s. S. 189) | Rehrücken (s. S. 198) | Saltimbocca vom Reh (s. S. 202)

GEFÜLLTE GRILLTOMATEN MIT SCHWARZKIRSCHBALSAM (S. S. 74) PASSEN ZU:
Sommerliches Dosenhähnchen (s. S. 123) | Superzarte Putenbrust (s. S. 127) |
Wutze Wampe (s. S. 141) | Lammkeule mit Kürbiskernöl (s. S. 190)

ROTE BETE MIT PFIFFERLINGEN UND ROSMARIN (S. S. 77) PASSEN ZU:
Entenbrust mit Ras-el-Hanout-Glasur (s. S. 131) | Flanksteak mit grünen Bohnen (s. S. 168) |
Lammkeule mit Kürbiskernöl (s. S. 190) | Rehrücken (s. S. 198) |
Saltimbocca vom Reh (s. S. 202) | Wildpralinen (s. S. 207)

MEDITERRANES GEMÜSE (S. S. 78) PASST ZU:
Mediterrane Garnelen (s. S. 41) | Garnelen in Hühnerhaut (s. S. 41) | Wolfsbarsch mit Kapernöl (s. S. 112) |
Sommerliches Dosenhähnchen (s. S. 123) | Superzarte Putenbrust (s. S. 127) |
Orientalische Putenkeule (s. S. 128) | Alte Wutz (s. S. 139) | Wutze Wampe (s. S. 141) |
Cuscino (s. S. 149) | Kalbssteak mit Zitronen-Minze-Butter (s. S. 152) | Grand Muh (s. S. 171) |
Flat Iron (s. S. 179) | Porterhouse (s. S. 180)

ORANGENFENCHEL (S. S. 98) PASST ZU:
Winterliches Dosenhähnchen (s. S. 124) | Gefüllte Gans (s. S. 132)

INDISCHES PAPRIKAGEMÜSE (S. S. 119) PASST ZU:
Hähnchenunterkeulen mit Crunch (s. S. 42) | Orientalische Putenkeule (s. S. 128) |
Pulled Lamb (s. S. 189) | Lammracks (s. S. 193)

RETTICH-PAPRIKA-GEMÜSE MIT ZITRONENGRAS UND TERIYAKI (S. S. 120) PASST ZU:
Glasierte Hähnchenoberkeulen (s. S. 119) | Superzarte Putenbrust (s. S. 127) |
Orientalische Putenkeule (s. S. 128) | Wutze Wampe (s. S. 141)

RUCOLASALAT MIT MANGO UND ANANAS (S. S. 127) PASST ZU:
Garnelen in Hühnerhaut (s. S. 41) | Hähnchenunterkeulen mit Crunch (s. S. 42) |
Ganze Forelle (s. S. 111) | Wolfsbarsch mit Kapernöl (s. S. 112) | Hähnchenbrust Asia-Style (s. S. 120) |
Sommerliches Dosenhähnchen (s. S. 123) | Orientalische Putenkeule (s. S. 128) |
Wutze Wampe (s. S. 141) | Flanksteak (s. S. 168) | Flat Iron (s. S. 179)

DREIERLEI SÜSSKARTOFFELN (S. S. 131) PASSEN ZU:
Gefüllte Gans (s. S. 132) | Alte Wutz (s. S. 139) | Roastbeef (s. S. 175) |
Lammkeule mit Kürbiskernöl (s. S. 190) | Lammracks (s. S. 193) |
Rehrücken (s. S. 198) | Saltimbocca vom Reh (s. S. 202) | Wildpralinen (s. S. 207)

WEISSE BOHNEN MIT KAPERN (S. S. 139) PASSEN ZU:
Orientalische Putenkeule (s. S. 128) | Kalbstafelspitz aus dem Erdloch (s. S. 155) |
Flanksteak (s. S. 168) | Beef Brisket (s. S. 176) | Flat Iron (s. S. 179) | Porterhouse (s. S. 180)

SCHMORTOMATEN (S. S. 141) PASSEN ZU:
Glasierte Hähnchenoberkeulen (s. S. 119) | Hähnchenbrust Asia-Style (s. S. 120) | Sommerliches Dosen-
hähnchen (s. S. 123) | Orientalische Putenkeule (s. S. 128) | Alte Wutz (s. S. 139) | Cuscino (s. S. 149)

COLESLAW (S. S. 143) PASST ZU:
Hähnchenunterkeulen mit Crunch (s. S. 42) | Glasierte Hähnchenoberkeulen (s. S. 119) |
Hähnchenbrust Asia-Style (s. S. 120) | Sommerliches Dosenhähnchen (s. S. 123) | Superzarte
Putenbrust (s. S. 127) | Orientalische Putenkeule (s. S. 128) | Alte Wutz (s. S. 139) |
Wutze Wampe (s. S. 141) | Cuscino (s. S. 149) | Beef Brisket (s. S. 176)

GERÄUCHERTER SPINAT (S. S. 149) PASST ZU:
Gebeizte Lachsforelle (s. S. 108) | Orientalische Putenkeule (s. S. 128) |
Entenbrust mit Ras-el-Hanout-Glasur (s. S. 131) | Gefüllte Gans (s. S. 132) | Flanksteak (s. S. 168) |
Roastbeef (s. S. 175) | Flat Iron (s. S. 179) | Porterhouse (s. S. 180) | Lammracks (s. S. 193)

GRÜNE BOHNEN UND GETROCKNETE TOMATEN (S. S. 168) PASSEN ZU:
Grand Muh (s. S. 171) | Roastbeef (s. S. 175) | Beef Brisket (s. S. 176) | Flat Iron (s. S. 179) | Porterhouse (s. S. 180)

PAPRIKAGEMÜSE UND SALZZITRONEN (S. S. 171) PASSEN ZU:
Wolfsbarsch mit Kapernöl (s. S. 112) | Flanksteak (s. S. 168) | Porterhouse (s. S. 180)

KARTOFFEL-KOHLRABI-GRATIN (S. S. 175) PASST ZU:
Orientalische Putenkeule (s. S. 128) | Cuscino (s. S. 149) | Lammkeule mit Kürbiskernöl (s. S. 190) |
Lammracks (s. S. 193) | Wildpralinen (s. S. 207)

PAPRIKA-ARTISCHOCKEN-GEMÜSE (S. S. 179) PASST ZU:
Mini-Steaks (s. S. 163) | Flanksteak (s. S. 168) | Grand Muh (s. S. 171) | Porterhouse (s. S. 180)

GEGRILLTE ZWIEBELN UND RUCOLASALAT (S. S. 180) PASSEN ZU:
Alte Wutz (s. S. 139) | Wutze Wampe (s. S. 141) | Flanksteak (s. S. 168) | Flat Iron (s. S. 179) | Grand Muh (s. S. 171)

COUSCOUS MIT SCHOKOLADE UND CHILI (S. S. 189) PASST ZU:
Lammracks (s. S. 193) | Rehrücken (s. S. 198) | Saltimbocca vom Reh (s. S. 202) | Wildpralinen (s. S. 207)

GEGRILLTE AUBERGINE MIT MINZEPESTO (S. S. 190) PASSEN ZU:
Roastbeef (s. S. 175) | Pulled Lamb (s. S. 189) | Lammracks (s. S. 193) | Rehrücken (s. S. 198)

GRILLMENÜS

GRILLEN-FÜR-FREUNDE-MENÜ

1. Toms Austern mit Speck und Essiggurken (s. S. 88)

2. Wolfsbarsch mit Kapernöl (s. S. 112)

3. Lammfilet mit Zitronen-Thymian-Butter (s. S. 186)

4. Grand Muh mit Paprikagemüse und Salzzitronen (s. S. 171)

5. Gegrillte Nektarinen mit Passionsfrucht (s. S. 213)

FAMILIENFEST-MENÜ

1. Süßsauer marinierte Hühnerflügel (s. S. 116)

2. Mediterrane Garnelen (s. S. 41)

3. Toms Classic Burger (s. S. 54)

4. Sunshine Pulled Pork (s. S. 142)

5. Gegrillte Wassermelone mit Rosmarinzucker (s. S. 214)

OSTER-MENÜ

1. Wallerfilet mit Drillingen, Spargel und Bärlauch (s. S. 102)

2. Angegrilltes Rindertatar mit Wachtelei (s. S. 158)

3. Mediterranes Gemüse (s. S. 78)

4. Lammracks mit frischen Kräutern (s. S. 193)

5. Gegrillte Ananas mit Kokos-Basilikum-Creme (s. S. 216)

SOMMER-SPECIAL-MENÜ

1. Garnelen in Hühnerhaut (s. S. 41)

2. Fladenbrot mit Tomate, Basilikum und Knoblauch (s. S. 61)

3. Hähnchenunterkeulen mit Crunch (s. S. 42)

4. Glasierte Hähnchenoberkeulen BBQ-Style (s. S. 119)

5. Gegrillte Nektarinen mit Passionsfrucht (s. S. 213)

QUERBEET-MENÜ

1. Mediterranes Gemüse (s. S. 78)
2. Kohlrabi mit Zitronendressing und Kresse (s. S. 73)
3. Gegrillte Auberginen auf Bauernbrot (s. S. 57)
4. Veggie-Wrap mit Pumpernickel, Bohnen, Sprossen und Käse (s. S. 81)
5. Gegrillter Feta mit Passionsfrucht und Rosa Pfefferbeeren (s. S. 225)

WINTER-MENÜ

1. Jakobsmuscheln auf Blutwurst und Apfel (s. S. 91)
2. Kräuterseitlinge mit Knoblauch, Zimt und Sternanis (s. S. 70)
3. Wild-Pita mit gegrillter Birne und Preiselbeerpfeffer (s. S. 208)
4. Gefüllte Gans mit gespickten Orangen (s. S. 132)
5. Bratäpfel mit gegrilltem Panettone (s. S. 219)

WILD-MENÜ

1. Wildpralinen (s. S. 207)
2. Saltimbocca vom Reh (s. S. 202)
3. Rote Bete mit Pfifferlingen und Rosmarin (s. S. 77)
4. Entenbrust mit Ras-el-Hanout-Glasur (s. S. 131)
5. Mini-Pfannkuchen mit Pflaumen (s. S. 220)

ERDLOCH-GRILLEN-MENÜ

1. Gegrillte Aubergine mit Minzepesto (s. S. 190)
2. Ganze Forelle mit Blutwurstfüllung (s. S. 111)
3. Rehrücken gegrillt und geräuchert auf offenem Feuer (s. S. 198)
4. Kalbstafelspitz aus dem Erdloch mit Salzäpfeln und Wildspinat (s. S. 155)
5. Gegrillte Wassermelone mit Rosmarinzucker (s. S. 214)

REGISTER

ÜBER DEN AUTOR

Foto: Markus Gmeiner

Tom Heinzle wurde 1967 in Vorarlberg in Österreich geboren und ist seitdem seiner Heimat treu geblieben. Schon sehr früh entdeckte er seine Leidenschaft fürs Grillen und machte kurzerhand sein Hobby zum Beruf. Und das mit Erfolg, denn inzwischen hat er sich nicht nur einen Ruf als Genie am Rost erarbeitet, sondern darf sich mit seinem Team »Toms Grillwerkstatt« auch mehrfacher Vizeweltmeister und österreichischer Staatsmeister nennen.

Auch als Buchautor widmete er sich bereits verschiedenen Teilbereichen des Grillens. Bei seinen regelmäßigen Grillkursen vermittelt er Interessierten sein Wissen über BBQ, Smoken und alles, was noch dazu gehört. Dabei liegt ihm die Verwendung von hochwertigen, saisonalen Lebensmitteln aus der Region und Fleisch aus artgerechter Tierhaltung besonders am Herzen.

Am Grill kreiert Tom Heinzle eine bunte Mischung aus traditionellen und innovativen Gerichten und wagt dabei auch außergewöhnliche Kombinationen sowie einen Blick in die Küche anderer Länder. So erfindet er das Barbecue neu und verhilft der Grillkultur zu einem Niveau, das der gehobenen Küche in nichts nachsteht.

DANKE

Danken möchte ich meiner Frau Claudia und meinen zwei Söhnen Lukas und Elias für die Unterstützung und das Verständnis, das sie mir entgegenbringen.

Danke den vielen Freunden und Kollegen fürs gemeinsame Grillen und Genießen.

Danke Monika Schlitzer und dem gesamten Team vom DK Verlag für die angenehme Zusammenarbeit.

Danke Sarah Fischer für die Projektleitung und die tolle Umsetzung dieses Buches.

Danke den vielen wunderbaren Menschen, denen ich in meinen vielen Seminaren und Veranstaltungen begegne und denen ich meine Welt des Grillens zeigen kann.

Danke meinen Sponsor-Partnern Appenzeller Alpenbitter und Mohrenbrauerei Dornbirn.

Danke meinem Geschirr-Partner.

Danke meinen Food-Partnern.

Danke den Grill-Partnern für die Bereitstellung der Geräte.